JN093431

キレそう
zzz…

ON AIR
それでは行ってみよう！
zzz…

どすこいな日々

関取花

晶文社

装丁
鈴木千佳子

イラスト
関取花

まえがき

どうも、関取花です。普段は曲を書いて歌を歌っています。ミュージシャンというやつです。

そうは言っても、私はたぶんいわゆるアーティスティックとはほど遠いタイプで、歌詞なんて基本的にはケツを叩かれないと書けませんし、「自然と言葉が降りてきた」なんて経験、10年やっても未だにありません。旅に出ても、夢に見ても、何をしても、そんなの一度もありません。みんなあれどうやってるんですかね。

瞑想をするといいとか適度な運動をした方がいいとかいろいろ聞きましたが、どれもめんどくさがり屋な私には無理でした。

瞑想の方法をインターネットで調べてみたりもしたのですが、いつの間にかインドカレーの情報サイトに辿り着いていて、結局そのまま食べに出かけてしまいました。帰ってくる頃には、本来の瞑想という目的なんてもちろんすっかり忘れていました。

運動をするための服を買おうと思って出かけた時も、途中でずっと欲しかったシャツを買ってしまい、そのせいでお金が足りなくなって泣く泣く帰りました。

とまあここまでで、大体私がどんなやつかなんとなく察しがついたと思います。そうです。割とダメなやつです。

でもこんな私の毎日にも、いやこんな私の毎日だからこそ、少し目を凝らせば案外いろんなネタが転がっているものです。そして今思うと、面白い人や出来事に出会う幸運さだけは少しは持っているのかもしれません。歌詞が降りて来ないのはその代償ということにしておこうと思います。

この本の中の話はどれも、私の些細な日常で起こったちょっとしたことばかりです。誰から見てもキラキラしているような思い出や、わかりやすくドラマチックな出来事とかでは決してありません。でも、忘れた頃にポケットから取り出したらクスッと笑えたり、ふと思い出した時に胸がじんわり温かくなるような話だったりします。

何をやっても続かない私でしたが、忘れないようそれらをちょこちょこと書きためていたら、ありがたいことに一冊の本になりました。人生の参考書にはならないかもしれませんが、私のそんな『どすこいな日々』を、少しでも楽しんでいただけたら幸いです。

それでは行ってみよう!

もくじ

私は何の花？

今日は入っていた仕事がなくなったので、昼間は散歩に出かけた。

風に飛ばされた桜の花びらを追いかけたり、やたら早足なおじいさんになんとなくついて行ってみたりしていたら、いつの間にか見慣れない道に出ていた。異様にゴミ捨て場が荒れているなんだか不気味なマンションの前を通ると、鼻をつくような臭いがした。

それまで好きな音楽を聴きながら自分でも引くくらいゴキゲンで歩いていたので、急に現実に連れ戻されたような気がして、正直かなり気分が落ちてしまった。

はあ、とため息をついて地面に目をやると、ハルジオンの花が咲いていた。酒の空き瓶や生ゴミ、泥だらけのマットレスが散乱するゴミ捨て場の隅っこ、コンクリートの隙間で、健気にその子は咲いていていた。

「花ちゃんの花は、何の花なの？」

小さい頃、母に尋ねたことがある。チューリップかな、バラかな、ガーベラかな。その時私の頭の中には、お花屋さんに並ぶ色とりどりの華やかなお花が並んでいた。母の答えはこうだった。

「花ちゃんはね、雑草だよ」

あまりにも想像と違う回答だったので、一瞬頭が真っ白になった。

雑草。私は雑草なのか。母は続けてこう言った。

「ハルジオンって知ってる？　私あの花を見た時、いつか自分に子供ができたらこういう子に育ってほしいって思ったの」

ある日少し落ち込むことがあった時、母がうつむきながら歩いていると、誰にも気付かれないようなところでひっそりと、でも懸命に根を張って咲いているハルジオンを見つけたのだと言う。その時、きちんと花壇に植えられている花や華やかに束ねられた花束の花たちも綺麗だけれど、ふとした時に人の悲しみや苦しみにもそっと寄り添えるような、そんな子になってほしいと思ったらしい。

「華やかじゃなくてもいいから、泥臭くてもいいから、自分なりに一生懸命生きる人っていうのも素敵でしょ」

幼心に自分の花という名前は、花のように誰からも愛されるような子に育ってほしいとか、ただそういう意味でつけられた名前だと思っていたので驚いた。

でもなんだかその理由を聞いて、想像していた以上に、ものすごくしっくり来た。そしてとても誇らしかった。

「あー、だけどね」

母は笑った。

「その時は、まさか自分が関取っていう名字の人と結婚するとは思ってなかったのよね、さすがに。関取に花だから、結果的に思った以上にどすこい感の強い仕上がりになったわ」

たしかに関取花と聞くと、貴乃花や若乃花といった名前が自然と脳裏に浮かぶ。そのせいか今でもよく、「女の子なのにどうしてお相撲さんみたいな芸名にしたんですか？」と聞かれる。

その度に私はこう答える。「いえいえ、本名なんです。素敵な名前でしょ」と。ちなみに先祖は関所の門番とかそういうあれらしいです。

聞かれると困る質問

聞かれると困る質問がある。

厳密に言うとたくさんあると思うのだが、聞かれる頻度ときちんと答えを持っていなければならないであろう度合いで言うと、

「あなたにとって音楽とはなんですか」

一番はこれである。

都度都度それっぽいことを答えてきたのかもしれないが、納得して答えられた試しがない。最近ではあまりにもわからなさすぎて、参考にと『TVチャンピオン』で優勝者が最後にどう言っていたかを検索したりする始末である。

「人生です」

「自分そのものです」

「ずっとそばにあるものです」

美しい答えはたくさんある。そしてそのすべてに頷ける部分もある。

でもなんか、なんかもっとこう、他にあるんじゃないかとずっと思ってきた。そんな中、私はようやくこれはと思える答えを見つけた。

うんこである。

お食事中の方がいたら申し訳ない。こんなことを言う女いやだなと思う方には合わせる顔もない。親も泣いているかもしれない。でも割と本気で、大真面目にそう思ったのだ。たくさん食べたらたくさん出るように、たくさんの経験をしてそれらをきちんと吸収したら、いい曲がたくさんできる。そうかと思えば、急にまったく出てこなくなる時もある。それでもなんとかしぼり出すために、あれこれ試して必死であがく。そしていいものを出せた時には、自分に後光が差しているかのような晴れやかな気持ちになる。その瞬間を知っているから、きっと続けていられるのだ。

しかし、割とかっこよく答えなければならないであろうこの質問に、キリリとした顔でうんこと答える勇気があるのか、それが問題である。

想像してみてほしい。『プロフェッショナル 仕事の流儀』で、スガシカオさんの曲が流れるあたりのところを。

テロップ「関取花にとって音楽とは？」

関取「うんこです」

（ジャラララ〜ン……♪　ぼくらは位置について〜）

逆にありだろうか。いや、なしか。正直自分でもよくわからない。

いずれにしても、ただのウケ狙いだと思われるのだけはいやだ。そうならないためには、大真面目に「うんこです」と答えても、なんだこいつと思われないような立派な人間になっている必要がある。

いつか胸を張って「うんこです」と答えられるその日まで、今はもう少し踏ん張ろう、いや、頑張ろう。

角度を変えれば

角度が重要なのである。というと、なんだかためになる話でも始まりそうな感じがするが、全然そんな話ではない。体重計に乗る時の体の角度の話である。

もちろん私だってわかっている。体重計に乗る時は体をまっすぐにして立つべきだということくらい。そうすることによってより正確な数値が計測できるということくらい。しかし、もうどうにも現実を受け入れたくない日だってあるのだ。

私は1年ほど前から毎朝体重計に乗ることを日課にしている。最近では起きた時の身軽さやむくみの感じから、大体の体重を予想できるようになってきた。前後3キロくらいの変動であれば誤差の範囲と思いながら、普段は割と気楽にその数値を眺めている。

しかし、日々生きていると当然いろんなことがある。仕事が上手くいかなかったり、プライベートでやるせないことがあったり、疲れているのにどうも眠りが浅かったり。

「マイケル」

そんなことが続くと、どうしても気分がどんよりしてくる。おまけに体重が増えていようものなら、まあ落ち込む。一日の始まりがこれだと大体ろくな日にならない。

だったらそういう日は体重計に乗らなければいいじゃないかという話なのだが、それはそれでちょっと悔しい。現実から逃げた自分に罪悪感を覚えたまま一日を過ごすことになる。

ほどよく現実も受け入れつつ、前向きになれる方法はないものか。いろいろ考えたのだが、結局のところ「いかに体重計に乗るというイベントを楽しむか」というところに落ち着いた。そんな時に重要になってくるのが、体重計に乗る角度なのである。

まずはきちんと体重計に乗り、実際の体重

と向き合う。しかしこの際決して真正面からその数値と対峙してはならない。とにかく薄目で、視界がぼやけるくらいに薄目で。顎を30度ほど上げ、上半分白目をむきながら体重計に視線を落とす。メイクをする方はマスカラを塗るときのあの顔と思っていただければいいだろう。直視はしないけど認識はするくらいの心持ちで見るのが吉である。

そして他人事のようにぼんやりとその数値を確認したら、あとはもう悪あがきタイムである。いかに画面上の数値を減らすかに命をかける。

私vs体重計の、絶対に負けられない戦いが始まる。ここで脳内ＢＧＭオン。サッカーの、ほら、あれよ。

足の裏は体重計につけたまま、体だけを前

「ダビデ」

※実際は全裸

後左右さまざまな方向に動かしていく。すると、体の角度によっては現実よりも３００グラムくらい軽い数値を叩き出せたりする。

そこからはもういよいよ自分との戦いである。腰に手を当ててみたり、腕を上げてみたり、重心を外に逃がしてみたりと、とにかくあらゆる手を尽くす。この微調整でさらに１００グラムくらい減らすことができたりするのだ。

こうして私はさまざまな体の角度を試していく中で、平均的に優秀な数値を叩き出してくれる三つのポーズを編み出した。それぞれにポーズネームもついている。「マイケル」「フカワ」「ダビデ」である。

まず、マイケルについて説明しよう。これは、マイケル・ジャクソンのゼロ・グラビティというあの有名なパフォーマンスを真似たものである。

もちろん私はマイケルのような体幹は持ち合わせていないので、ここまで綺麗な体勢はとれない。しかし、これを意識した角度をつけて体重計に乗ると、割と好結果を残すことができるのだ。入念に微調整をしている間にじんわり汗をかいてきたりもするので、たぶんこの間に痩せている。さすがマイケル。

次に紹介するのは、最近私が最もはまっているポーズ、フカワである。これは芸人のふかわりょうさんが、『小心者克服講座』というネタの中でやられていた動きにヒントを得ている。白いヘアバンドがトレードマークで、エアロビクスの動きをしながらシュールな一言を放つこのネタが私は大好きだった。

たまたま最近洗顔をするとき用に白いヘアバンドを買ったので、それをつけながらこのポーズをとってみたところ、なかなか気持ちが入った。それに一応エアロビクスの動きをしているのだから、エクササイズにもなっているはずである。いや、絶対なっている。なっているに違いない。

最後に紹介したいのが、ダビデである。これはその名の通り、ダビデ像のポーズである。片足に重心を置き、もう片方の足は無造作に。両腕はぶらんと下げていてもいいのだが、せっかくなので片腕は上げておこう。肩のあたりに手を持ってくるイメージで、ついでに首の角度も完コピといこうか。これもなかなかの好結果を残してくれる。

そして重要なのは、いかにダビデ像になりきるかということである。心からダビデになることで全身の筋肉に自然と力が入り、あの引き締まった肉体を手に入れられる気がするのだ。

ちなみに私の場合は洗面所の鏡の前に体重計が置いてあるのだが、風呂上がりに全裸で必死にこのポーズをとっている自分を見たときは、かなり笑えた。思っていた以上のドヤ顔で、ダビデ像になりきっている１４９センチの女がそこにはいたのだ。バカだ。バカすぎる。

しかしこんな感じのことを本気で必死にやっていると、なんだか実際の体重なんてどうでもよくなってくるのだ。体重計に乗るということを全力で楽しんでいるうちに気持ちが前向きになり、まあ何事もなんとかなるさと思えてくるのである。

体の角度を変えていくうちに、物事も違う角度で捉えられるようになったのだ。ビバ角度。ありがとう角度。

そう簡単には変われない

今年こそは運動をしようと思い、先日、自宅から仕事場まで約6キロの道のりを歩いてみることにした。

しかし普段そんなに歩かない私は、どれくらいの装備で出かけたら良いのかがわからず、結構な厚着で出かけてしまった。ババシャツ、タートルネックのニット、さらにニットのカーディガン、その上にダウンジャケット、マフラー。デニムの下にはタイツも穿いた。

その日は快晴で1月の割に暖かい日だったが、たまに吹く冬の風はやはり冷たく、吸い込むと鼻の奥がツンとした。それが厚着の私にはむしろちょうどよく、雲ひとつない青空を見ながら、これは完璧なスタートが切れたと思った。

しばらく歩いたあと、信号待ちをしながらスマホの地図アプリをふと確認すると、どうも様子がおかしい。そう、知らない間に道を間違っていたようなのである。しかもだいぶ序盤に。

焦って新しいルートを調べてみたところ、相当急がないと現場に間に合いそうになかった。私はウオーキングから急遽ジョギングに切り替えることにした。

しばらくすると汗が出てきた。はじめは脇や背中のあたり、やがて身体全体が熱くなり、10分もするとおでこからも汗が流れ落ちてきた。

私はまずマフラーを外し、次にダウンジャケットを脱いだ。そして途中でコンビニのトイレへ駆け込み、ババシャツとタイツを脱いだ。小さなポシェットとエコバッグしか持っていなかったので当然それらが入りきるはずもなく、私は一人借り物競走のような状態で必死に目的地を目指した。

誰が見てもトレーニングをしている格好ではないのに、息を切らしながら東京の街を駆けて行く汗だくの女。すれちがうあらゆる人々と目が合った。今思えば途中でタクシーに乗るという選択肢もあったのだが、そんなこと考える余裕さえなかった。

到着した頃には髪もボサボサ、メイクもすっかり剥がれ落ち、思い描いていた自分とはほど遠い姿になっていたのは言うまでもない。慣れないことをするといつもこうである。年は変わったが、人間そう簡単には変われないみたいだ。

東京美容院ライフ

美容院が苦手だ。正確に言うと、美容院が苦手だった。ここ4、5年くらいはヘアメイクとしてもお世話になっている方に髪も切ってもらっているので、何のストレスもない。仕事の話もプライベートの話も本当になんでも話せるので、むしろ友達のところに遊びに行くくらいの感覚で毎回楽しみにしている。

しかし、それまでは美容院が怖くて仕方がなかった。何せ東京の美容院、洒落てやがる。外装、内装、スタッフさん、来ている他のお客さん、何から何までキラキラしている。どんなにお洒落をして行っても敵わないあの雰囲気、あれはなんなんだ。

私だってこう見えて人並みには服もメイクも好きな方だ。それでも追いつけない絶対的な何かがある。そこに行くと、自分から横浜の端っこの空気がダダ漏れていることをなんだか思い知らされる。いや、私は地元になんの不満もないし大好きだし、それが悪いとも思っていない。でも、あの場所に行くとそんな自己肯定感が音を立てて崩れて行くのだ。

よくわからないけど、そこにいる全人類にナメられている気がする。上から下まで舐めるように見られて、「ダセェ」って思われている気がする。会計でボられる気がする。変におだてられて気分上げられて、高いシャンプーとか買わされそうな気がする。欲しくもないのに見栄張ってトリートメントまで買ってしまいそうな気がする。破産させられる。地獄だ。東京砂漠で借金街道まっしぐらだ。

だったらそうじゃないところに行けばいいじゃないかという話なのだが、それは違う。私だって行きたいのだ。洒落ている美容院に。なんでかって？

綺麗になりたいのだ。可愛くなりたいのだ。お洒落になりたいのだ。だから無理をしてでも頑張って行くのだ。洒落た美容院はそのための修行道場なのである。

そう思いながら、私は高校生の頃から東京のあらゆる美容院を転々としてきた。当時はよく渋谷や原宿などでお洒落サロンのアシスタント的な方がモデルハントをしていて、私は主にそういう方々にお世話になっていた。カットは大体無料でカラーも材料費くらいと、どこの美容院に行くよりも安く済んだので、高校生の自分にはとてもありがたかった。でも、行くたびにとにかく緊張していた。

大体おかしくないか。なんで東京の美容院にはイケメンと美女しかいないのだ。顔採用制度があるのではないかと思うほど揃いも揃って。しかもあの手のお洒落系男女のそういうタイプは、高校生の自分の周りにはなかなかいない人種である。そりゃあ緊張もする。顔ちっちゃいし、なんかいい匂いするし。なんなの。私はバービー人形の世界に迷い込んだシルバニアファミリーのような気分だった。浮いている。私だけが絶対に浮いている。

それでもやめられなかった。正直に言おう、当時はまだ若かった。「東京の美容院に行っている私」への陶酔の方が、緊張よりも上回っていたのである。行っただけで可愛くなれる気がした。ステージを一個上がれた気がした。笑えよシティボーイ、シティガール。16歳の私を笑ってくれよ。

大学生になっても、相変わらずそんな感じの美容院ライフは続いた。そしてある日、表参道のとある美容院に行った時のことである。

私はその日もカットモデルとしてお店に行ったのだが、少し早めに着いてしまったので、しばらく店のベンチで待っていた。すると女性スタッフの方が雑誌を持って来てくれた。まあここまではよくある話である。普通だったら大体服装の感じなどを見て、その人の好きそうなファッション誌を持ってくるはずである。

ところが、私の元へやってきた雑誌はそうではなかった。

『カレー特集』

『まんじゅう特集』

『餃子特集』

うろ覚えだが、そんなところである。とにかく飯、めし、メシ。極め付けはこの一言である。

「なんかお好きかなと思って」

そこにはなんの後ろめたさも陰もない、屈託のない笑顔を浮かべたスタッフさんが立っていた。可愛いな、おい。

でもなんだ、この感じ。隣に座っている女性に目をやると、ファッション誌を読んでいるではないか。店を見回すとちゃんと他にも雑誌はある。それなのになぜ。なぜ私だけグルメ誌なのだ。おまけに内容が内容だ。選ばれたのは炭水化物でした。やかましいわ。

そのあとにヘアカットをしたわけだが、顎ラインで切り揃えた重めのボブになった私の姿を見て、

「きのこみたいで可愛いですね〜」

と担当してくれた美容師さんに言われた。

「ここでもまた食べ物の話か」と一瞬思ったが、その美容師さんに罪はない。だって私がきのこみたいなボブにしてくださいって言ったんだもの（当時はよくそうお願いしてい

た)。

カットはすごく丁寧で、スタッフさんもみなさん感じがよく素敵なところだったのだが、また行ってまたグルメ誌を出されたら、なんとなくホロリと涙が出て来そうな予感がしたので、それ以来その美容院には行っていない。

今考えれば、あまりにもオドオドしている私を気遣って、少しでも気持ちをほぐそうとグルメ誌を出してくれたのかもしれないが、「東京の美容院は怖い」と思いながら行ってしまっていたため、その優しさを純粋に受け取ることが当時の私にはできなかった。うん、だから私もよくない。いや、よくないことはないか。よくわからない。

とにかく、今はそんなこととも無縁な楽しい美容院ライフを送れている。しかも場所も自由が丘なので、なんかこういろいろと落ち着いていてとても良い。トラウマを掘り返されることもない。

でも、今ならグルメ誌を出されても何をされても大丈夫な気がする。いいエピソードがまた一つできた、儲けものだ！　くらいに思えるだろう。私も少しは成長したのかもしれない。今度久々に行ってみようかな、あの美容院。もう、めちゃめちゃにお洒落して。

ラーメンが教えてくれたこと

おかしい。麺が上手くすすれない。

その事実が発覚したのは少し前、友人と飲んだ後のことだった。解散後、終電を逃してしまったためタクシーを拾えそうな場所まで一人で歩いていた時に、私は出会ってしまった。

ネオン街の中でもひときわ輝くその看板には、筆を投げつけたかのような文字で「濃厚」と書かれていた。私は見て見ぬふりをしようと思ったが、漂ってくる圧倒的な獣の香りと、店外まで響き渡る威勢のいい店員さんの声、店から出てくる人々の満足気な顔を見ていたら、そんな気持ちはすぐに揺らいでしまった。

そうは言ってももう29歳、体型や肌荒れなどいろいろと気になってくる年齢である。とりあえず一旦落ち着こうと思い、深呼吸をすることにした。

しかし大きく息を吸い込んだその瞬間、冷え込む夜の空気を切り裂いて、豚骨ラーメンの匂いが私の全身に入り込んできた。

もう抗うことは不可能だった。私の脳が、身体が、舌が、そいつをくれと叫んでいた。

そして気付いた時には店内で、

「マー油豚骨ラーメン、濃いめで」

と注文していたのである。

やがて到着したラーメンのスープを口にすると、にんにくの香りとマー油の旨味がいっぱいに広がった。ああ、懐かしい……と思った。

大学生の頃、よく深夜にみんなで食べに行っていたあのラーメン屋も、マー油豚骨ラーメンだった。マー油と豚骨スープが絡みついた中太麺を、男の先輩に負けないくらい荒々しくすすっていたあの日々。私はそんな思い出ごと吸い込むように、思い切り麺をすすった。

しかし、何かが変だった。思っていたのと違った。ラーメンではなく、私が、である。たしかに勢いよくすすったはずなのに、豚鼻が鳴るばかりでまったく麺が入ってこなかったのだ。

おそらく、ここ数年糖質を気にしてラーメンをほとんど食べていなかったのが原因だろう。どうやら知らない間にすすり方をすっかり忘れてしまっていたようである。前は楽々できていたことでもしばらくサボっていたりすると、やり方なんて意外とすぐに忘れてしまうものなのだ。

それからというもの、私はインターネットで麺のすすり方を調べたり、動画サイトでラーメンを綺麗にすする人の動画を見たりして、日々研究に勤しんでいる。実際にラーメンもよく食べるようになった。

そのおかげかお世辞にもまだ決して上手いとは言えないが、少しずつ麺をスムーズにすすれるようになってきた。やはり何事も積み重ねが大切なのだとあらためて実感した。よく考えたら、それは音楽にも言えることである。ギターも、歌も、いきなり上手くなるものではない。続けてこそ、やっと形になるものだ。

もちろん歌詞もそうである。こうしてくだらないことから学ぶことだってあるだろうし、物語が生まれることだってある。でも、大抵のことは忘れてしまう。だからこそ、コツコツと書き溜めていくことが大切なのだ。

もうすぐ4月がやってくる。花の色、雲の形、豚骨ラーメンの匂い、なんでもいい。些細なことに心を揺らしながら、できれば文字にしながら過ごして行けたらと思う。

私にとっては20代最後の春だ。特別なことがあってもなくても、それがいつか歌になればいい。

春は好きだ

春は好きだ。なんか好きだ。しかし、春にこれといった思い出はない。

クラス替えで好きな人と離れちゃうのがつらくてとか、そういった淡い思い出も特にないし、仲の良い友人とクラスが離れるのはたしかに寂しかったが、休み時間は色んな教室に遊びに行く派だったので、クラス替えと同時に疎遠になるとかそういったこともなかった。

何より私は中高一貫校に通っていたので、高校からは別々の道とかそういったターニングポイントめいたものもなく、当たり前のように6年間同じ顔を見て過ごしてきた。しかも大学付属の学校だったので、学部は違えど何かと会う機会はあったりして、結果なんとなく自然と10年の月日が流れていた感じである。

そんなわけで、中高の友人とは今でもしょっちゅう会う。先日もよく集まるメンバーのうちの4人で遊んだ。私以外は皆会社勤めの子たちで、見た目こそ綺麗なお姉さんといった感じだが、中身は相変わらずである。

表参道でランチを食べたあとみんなで散歩をしていると、圧倒的な存在感を放つなんだかお洒落な青い壁のお店を発見した。昔からこういうものに目がない私たちは、

「表参道レベルになると街に差し色持ってくる」

「これはパリと表参道にしかない青」

「この青はかなり意識高い青。俗にいう表参道ブルー」

などと意味のわからないことを言いながら、とりあえず店に入って行った。するとそこはグリーティングカードのお店だったらしく、店内にはユニークで可愛らしい様々なポストカードや手紙などが所狭しと並んでいた。

店に入るなり、私たちは散り散りになった。中学からの付き合いともなると気を遣わなくなり、一緒に遊んでいても別行動なんてよくある話である。

しばらくすると遠くの方から、

「ヤバい、超祝われてんだけど！」

という喜びの声が突如聞こえた。なんだなんだとみんなで駆けつけると、そこはご祝儀袋のコーナーだった。発見した友人はちょうどご祝儀袋を探していたこともあり、テン

ションが爆上がりしていたようである。それにしても言い方よ。

でもたしかにそこには見たことのないようなデザインのご祝儀袋がたくさんあって、なんだかワクワクした。とにかく何から何まで金色のもの、ピンクにお花にラメといった姫デザインなもの、本来和風であるはずなのにどこか洋風なものなど、様々だった。

そしてまたしてもこういったものに目がない私たちは、あの芸能人にあげるならこれだとかなんだとか言ってしばらく盛り上がった。そして最後にあらためて店を一周し、各々気に入ったカードなり便箋などを購入した。

ちなみにご祝儀袋を探していた友人は、「一周回ってこれが一番可愛い」と言いながら、だいぶ個性的なご祝儀袋を買っていた。

店を出てしばらく歩いたあと、とりあえず座りたいという話になったので、私たちはカフェでお茶をすることにした。そしてそこでもどうしようもない会話をするのだった。

「結婚式の出欠の紙ってなんであんなに出すのめんどくさいんだろう」

「なんで？　〇つけて出すだけじゃん」

「いや、なんかポストって遠くない？」

「わかる、ポストの方から家の前まで来て欲しい」

「そう思ってしまうのもメールが普及しすぎたせい、私たちは悪くない」

「それな」

そんな話をしながら、結局その日は日が落ちる前には解散した。私たちはいつもこうである。みんながなんとなく今日はもう満足だねという雰囲気になったら、パッと解散する。これがいつも本当に気持ちが良い。いろんな人と会ったり遊んだりはするが、この感じはなかなかなれるものではない。絶妙に適当というか、我関せずというか。

そんな友人たちだが、ちょっと熱いところもあったりする。何かあるたびに彼女たちは、「面白い話があるから聞いてよ。どっかでネタにしていいから、ウチくる!? かA-studioにいつかみんなで出して」と言ってくれる。

応援してるよとか頑張ってねとか、そういう言葉じゃないけれど、ちゃんと伝わってくる優しさがある。何も言わずにこっそりチケットを取ってライブを観に来てくれていたり、インストアライブでのサインの列に並んでくれていたり。最高に粋な、自慢の友人たちだ。

しかしこれほど付き合いも長く気の合う友人たちだというのに、思い返すと何がきっかけで仲良くなったのかなんてまったく覚えていないのである。入っていた部活も全員違うし、クラスもみんなが一緒だったことはない。仲良くなったあの頃、一人はゴリゴリのギャルだったし、一人は美術部で絵を描いていたし、私は眉毛がなかった。でもなんとなく仲良くなった。不思議な話である。

今年も新年度がはじまり、新しい環境で新しい人間関係が築かれ始める頃だ。私は音楽をやっているので年度が変わるからどうということはないのだが、会社勤めの方や学生の方は、毎年きっと何らかの苦労や葛藤があるはずだ。

昇進や肩書き、カーストやジャンルといったくだらないことで人付き合いをしてくる人も中にはいるだろう。でも、そういうのを抜きにしてなんとなく仲良くなれる人もきっといるし、そうしてできた友人や大切な人こそ、本当の宝物なのだと思う。私の最高の友人たちのように。

ちょっとクサい話になっちゃったけど、それもこれも多分、春のせいである。そういうことにしておこう。春は好きだ。なんか好きだ。ちょっと素直に、青臭くなれるからである。

夏は魔物

先日、生まれてはじめて高い日焼け止めを買った。「太陽を楽しむ肌の準備できてる?」的な雑誌の特集にまんまと感化されたのである。

それからというもの、私は暇さえあれば日焼け止めについて調べていた。すると数ある中でも、とある有名ブランドが出している日焼け止めは特に美容液成分が豊富らしく、つけていると肌が蘇るほどだという情報を手に入れた。口コミの評価もかなり高い。早速私はその日焼け止めを見に行った。

価格は約6000円、普段化粧品類にあまりお金をかけない自分にとっては信じられない額だったが、自分への投資だと思って買うことにした。

翌日、私は嬉々としてその日焼け止めを顔に塗りたくった。なんだか素敵なレディーになった気分で、「今日は代官山にでも行って、テラス席でカフェオレとか飲んじゃおうかしら」なんてことを考えながら家を出た。

その日は30度を超える真夏日で、肌を突き刺すような日差しだった。しかし私には何の心配もいらなかった。何せあの約6000円の日焼け止めをつけているのだから。

そう思いながら自信満々で最寄り駅まで歩くこと約5分、とある異変に気付いた。かゆい、顔が猛烈にかゆいのである。

いやな予感がして鏡を見ると、見たこともない真っ赤な頰をしていた。どうも肌に合わなかったようである。

私はすぐに自宅へ引き返し、速攻で日焼け止めを落とした。約6000円の日焼け止めは、たった5分間で肌に大きなダメージだけを残してゴミ箱行きとなった。

思えば昨年は絶対に穿かないハーフパンツ、その前はオーガニックの虫除けスプレーで似たような経験をしている。来る季節に向けて気持ちが高ぶり、ノリと勢いだけで購入しては失敗するのは、もはやこの時期の恒例行事と化している。

今年こそは浮かれまいとどんなに思っていても、結局浮かれてしまうのが夏の恐ろしいところである。やはり夏には魔物が住んでいる。心の奥と、財布の中に。

本休日

寒い日が続くと、どうも家に引きこもりがちになる。動くのも考えるのもめんどくさくて、布団から出るのさえ億劫だ。

そういう時はすべてのやる気がなくなり、いっそ丸一日棒に振ってやろうかと思ったりする。そう、今日は本休日にするぞ、と。

よく「花さんは予定がない日は本を読んだり、映画を見たり、レコードを聴いたりして過ごしているイメージです」と言われたりもするのだが、とんでもない。

本や映画や音楽はもちろん大好きだ。そういう日だってある。しかし余裕がない時にそういったものに触れて刺激や影響を受けると、すぐに「この世界観からはどんな曲ができるだろうか」とか「このセリフはあそこの歌詞に活かせそうだ」といった発想になってしまい、全然心が休まらないのである。

だから一口に予定がない日と言っても、

①曲作りに活かせそうなものにきちんと触れる日＝準休日

②考えることを一切放棄して、己の欲求のままに過ごす日＝本休日

この2種類に分けて私は考えている。

冬になると、圧倒的に本休日が増える。そしてその時の私のクズっぷりと言ったら、それはもう清々しいほどにクズなのである。

まず、基本的にはベッドとトイレと冷蔵庫、この3点しか移動しない。昼過ぎまで寝て、トイレに行きたくなったら起きて、お腹が減ったら何か食べて、お腹がいっぱいになったら横になる。もうやっていることは牛とか豚とかその類と同じである。

とはいえ何日もそれが続くと、さすがに多少の危機感は覚える。なので、たまには外に出ることだってある。そうは言っても本屋に行って立ち読みをするか、レンタルビデオ店に行ってお笑いのＤＶＤを借りるか、コンビニに行ってなんとなくブラックサンダーとか買うか、そんなもんである。

ちなみに今日は本休日だったので、千原ジュニアさんとケンドーコバヤシさんのトーク番組『にけつッ!!』のＤＶＤを借りに行った。

その帰り道、自転車に乗りながらふと思い出した。昔、自転車に2ケツすることをなぜ

か読み間違えていて、友人に爆笑されたことがある。私は2ケツのことを「ツーケツ」とずっと読んでいたのである。

「え、いまツーケツって言ったの？　ツーってワン・ツー・スリーのツーだよね？　え、鬼ダサくない？」

と言われた時、はじめて2ケツはツーケツとは読まないことを知った。結構なショックだった。

読み間違いの話で言うと、他にもある。

今でこそiPhoneが普及し当たり前のようにみんなiTunesを使っているが、私が中学生の頃なんかは、ようやくiPodが出たくらいの時だった。その当時テレビではiPodのスタイリッシュなCMがよく流れていて、MDプレイヤーを使っていた私は、ダウンロードして音楽を入れるという仕組みになんだか無性に憧れたものである。そしてそのCMをちょうど家族と一緒に見ていた時、私はこう言った。

「イトゥネスってので音楽をダウンロードするらしいね」

しばらくして、兄が言った。

「iTunes（アイチューンズ）だろ」

他にもある。

ある日、父におつかいを頼まれた時のことである。渡されたメモには、整髪料と制汗剤の名前が書かれていた。男性用の商品のことはよくわからなかったので、私は店員さんに聞いてみることにした。

「すみません、ガッツバイの商品はどこですか？」

しばらくして、店員さんが言った。

「GATSBY（ギャッツビー）ですね」

穴があったら入りたかった。

しかし、こういう間違いは何も私だけではない。あれは高校生の頃、ちょうどミネトンカというブランドのブーツが大流行していた時のことである。私はそこの茶色いブーツをアルバイトしたお金で買って、気に入ってよく履いていた。

ある日のこと母と、

「お母さんね、そのブーツの黒いやつが欲しいの。どこで買ったの？」

「これ？　私はユナイテッドアローズで買ったよ。見に行ってみようか」

という会話になり、一緒に買い物に行った時のことである。店員さんを見つけるなり、母はこう言った。

「すみません、黒いミノモンタが欲しいんですけど」

血は争えないなと思った。

……何の話がしたかったんだっけ。

話の点と点を結んで行くうちに、最終的に黒いミノモンタの話になってしまった。他愛もない話からきちんと毎回最高のオチに持って行く『にけつッ!!』のお二人とは大違いである。

それもこれも寒いのがいけない。正直、こうしている今もベッドに潜りながらブログを書いている。眠い。やめたい。だから、やめる。本休日、ここに極まれり。

今日はギター
めっちゃ弾いたから
たぶん手先を中心に
めっちゃ痩せた

首もと太めの
タートルネック
私が着ると
コルセット

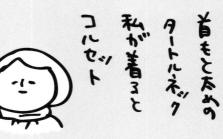

腹筋を
しようと思った
そのまま寝てた

転校生

私は小学校時代を三つの学校で過ごした。

はじめに通ったのはドイツの小学校である。父の仕事の都合で2歳でドイツに引っ越し、日本人幼稚園のあと、日本人小学校に通った。私の住んでいた地域は日本人家族が多く、小学校では30人以上のクラスが各学年3クラスずつあった。ドイツ語の授業も週に一回程度で、ほとんど日本の小学校と変わりはなかったように思う。地域柄なのかのんびりした子が多く、平和な空気しか漂っていない学校だったので、本当に良い思い出しかない。

しかし、小学校2年生の途中でまた父親の転勤が決まった。そして次は中国の小学校へ転校することになった。

こちらも日本人小学校で、中国語の授業も週に一回程度、やはりのんびりした子が多かった気がする。みんな優しくしてくれて、間もなくあった学校祭でも、同じクラスの子たちと浴衣を着ていろいろ見て回った記憶がある。ここで忘れたくないのは、この浴衣はわざわざ母に作ってもらったということだ。

学校祭が目前に迫ったある日、クラスの子が、

「学校祭ではみんなで何かお揃いにしたいから、花ちゃんも浴衣着ようよ」

と誘ってくれた。しかし学校祭は2日後、今から買って準備するのは到底無理な話である。でも、どうしても浴衣が着たかった。その言葉が純粋に嬉しかったし、何より新しい環境に早く馴染みたかったのだ。

私は母に駄々をこねた。はじめこそ「無理よ」と言っていたけれど、母はしばらくすると、「わかった、なんとかする」と言ってくれた。それから母は寝る間も惜しんで、たまたま実家から持ってきていた大きめの布を使って、手作りの浴衣を作ってくれた。帯は同じマンションに住んでいる人から借りた気がする。

他の子はみんな、ピンクや水色などの鮮やかな色に、金魚や風鈴などが描かれた可愛い柄の浴衣を着ていたが、私は真っ白いガーゼのような生地に、小さな紅葉の柄があるだけだった。

それでも私はホッとした。これでみんなと一緒だ、そう思った。でも本当はそれ以上に、みんなと似ているようで少し違う、私だけの特別な浴衣というところがとても嬉しかった。

そうして探り探りようやくクラスにも溶け込めたかなと思った時に、また父の転勤が決まった。たった2ヶ月ほど中国に住んだだけで、次は日本に帰ることになったのだ。

転校するということはもちろん事前に両親から知らされていたが、教室で「関取さんが来週転校することになりました」と先生がクラスのみんなに報告した時、私は思わず泣いてしまった。人前で泣くなんて大嫌いだったので、先生や友達に「どうしたの？」と聞かれた時には、「転校するなんて聞いてなかった」と嘘をついた。みんなは「寂しいよね、悲しいよね」と言って慰めてくれたのだが、私はそれで泣いたわけではなかった。

もし浴衣がなかったとしても、私は私だと胸を張って学校祭を楽しめるようになるくらいまで、この学校にいられなかったことが悔しかったのだ。

なんとなくみんなに混じって、昼休みには算数セットを使ったおままごとに参加したりもしていたが、たまにはドッジボールしようよと本当は言いたかった。いつか言えたらいいなと思ったまま、あと少しのところでその勇気を出せなかった。そんな自分のまま転校するというのが、悔しかった。

日本に帰国してから通うことになった小学校には、私がドイツに行く前、まだ赤ちゃんの頃によく一緒に遊んでいた子が通っていた。ちなみにその子には二つ上の兄がいて、私の兄と同級生だった。昔から家族ぐるみでずっと仲良くさせてもらっていたので、日本ではすぐに安心して新しい学校に通うことができた。今考えると、両親は転校の多い私や兄を気遣って、その兄妹と同じ地域に住むことを選んでくれたのかもしれない。

転校してからすぐの図工の授業で、プレゼントというテーマで作品を作ることになった。私は小さい頃からうさちゃんという名前のうさぎのぬいぐるみを持っていて、絵を描く時はいつもその絵ばかりを描いていた。その時もはじめは、よし、うさちゃんを主人公にした絵を描こう、と思っていたのだが、周りを見渡すとみんなは宇宙人の絵を描いていた。私のクラスでは、その時宇宙人の絵を描くのが流行っていたらしかった。

私はすぐに迎合して、みんなと同じように宇宙人の絵を描いた。理由は簡単である。またいつ転校になるかわからない。それなら一刻も早く馴染みたい。ただそれだけだった。

中国の小学校から転校することになった時、自分を出せないまま終わってあんなに後悔したのに、結局同じことを繰り返してしまったのである。

しばらくして、なぜかその絵が横浜市の小学校の図工展のようなものに入賞したと聞かされた。

私のそのあまり思い入れのない宇宙人の絵は、横浜市内のホールに展示されるとのことだったので、休日に家族で見に行くことになった。一応その絵の隣で慣れないピースをして写真を撮るだけ撮ったものの、それだけ済ますと、「はい、じゃあもう行くよ」と母はさっさとそのホールを出ようとした。

母は「上手に描けてるね」とは言ってくれたが、それ以上のことは言わなかった。チラシの裏にマッキーでうさちゃんの絵を描いた時は、あんなに褒めてくれたのに。普通子供が何かで賞をとったら、親というのは「すごいわね、さすが私の子！」みたいな感じで喜ぶものじゃないのか？ そんなことを思いながら、私はとぼとぼと母のうしろを歩いた。

すると母が突然振り返って、

「花ちゃん、どうして宇宙人の絵を描いたの？」

と聞いてきた。私はドキッとして正直に、

「みんなが描いていたから」

と答えた。すると母は、

「だよね。でもお母さんは、宇宙人の絵で賞をとる花ちゃんより、うさちゃんの絵をニコニコ楽しそうに描いている花ちゃんが好きだな」

と言った。なんだか少し、泣きそうになった。

それから私は学校生活でもなんでも、もっと自分らしくいようとあらためて思った。お腹が空いていたら、真っ先に手をあげて給食のおかわり戦争にも参加した（結果、すごく太った）。めんどくさかったから、風呂に入らなかった（それは毎日母に怒られていた。

それは「らしさ」じゃなくて「怠惰」だと)。

そこから急激に毎日が楽しくなったし、本当に気の合う親友ができたりもした。あの時母が私の描いた宇宙人の絵を、賞をとったからという理由で褒めちぎっていたら、きっとそうはいかなかったと思う。

さて、なぜこんな話をしたかと言うと、私は今、曲作りに完全に煮詰まっているのである。もう長いこと、頭にドーンと石が乗っかっている。これまでにはなかった、重く、大きい石だ。

どんな歌詞を書いても、どこかを切り取られて本来とは違う解釈をされるんじゃないか、ということばかり考えてしまう。無数の槍から自分を守るために頭に乗せた石のせいで、自分がどんどん押し潰されて行く。腕を伸ばして深呼吸することも、空を見上げることも、忘れてしまいそうになる。

そんな時にはいつも、この小学校時代の転校のことを思い出す。そしてその度に、我に返るのだ。

新しい作品を出したり新しい仕事に挑戦したりすると、何らかの新しい評価が下される。嬉しくなることもあれば、悲しくなることだってある。

でもそれは、たまたま誰かにその時馴染まなかっただけの話かもしれない。時間をかけてでも、きちんと自分らしくいたら、いつかわかりあえるかもしれない。

手軽に愛されようとしたり、安心できる場所にあぐらをかいていては、いつまでたっても何も始まらない。失敗しながら、たくさんの仲間を作っていけばいいじゃないか。私は死ぬまで、転校生だ。

兄の話

痩せたい。そう切に願って幾日かが過ぎた。きちんと自炊をし、炭水化物や間食を減らしたりしているおかげか、少し身体が軽くなったような気がする。

そうは言っても理想にはまだほど遠く、手が届きそうにない。年内には華奢で守りたくなるようなお人形さん体型になると誓った私は、10月になった今でも、何も変わらず安定してレゴブロックのフィギュア体型である。しかし今は、とにかく焦らず根気よく続けることが大切だ。

継続は力なりという言葉を、身をもって証明してくれた人物が私の家族にいる。そう、兄である。

ラジオやライブのMCで頻繁にネタとして登場する母とは違い、私は兄の話はほとんどしたことがない。本当にクソがつくほど真面目で、話のネタにするような人物ではないからである。だいぶ変わった人ではあるが、私にはないものをたくさん持っている。

兄は毎日筋トレをしている。腹筋、スクワット、腕立て伏せなど、無理のない範囲で、私の見た限りでは本当に一日も欠かすことなく続けている。

記憶をたどればドイツに住んでいた頃からやっているはずだから、なんだかんだ20年以上続けていることになる。よく噛んで食べるし、間食もほとんどしない。お酒も飲まないし、夜22時以降は食事を控える。見た目は全身を無印良品とユニクロで固めたようないわゆるよくいる眼鏡の青年であるが、身体は意外と細マッチョだと思う。

兄は頭もいい。昔から勉強もよくできた。でも、決してガリ勉というわけではなかった。受験の時も、試験の時も、徹夜して勉強したりするところはあまり見たことがない。かと言って毎日予習復習をするようなタイプでもないので、たぶん授業をちゃんと受けていただけだと思う。早弁、昼休みのアイス、先生にバレずに寝る方法、それから男子のアキレス腱についてしか考えていなかった私とは大違いである。

私はいつも勉強でわからないことがあると、兄に質問しに行った。学校の先生よりも、塾の先生よりも、父よりも、兄に教えてもらうのがダントツでわかりやすかった。いやな顔も特にせず、サラッと教えてくれた。教えるというより、伝えるという感じだった。

そういえば、兄は文章を書くのも上手だった。そのことで思い出すことがある。というか鮮明に覚えていることがある。

私が小学校1年生、兄が小学校3年生くらいの夏休み、私たち家族は母の実家に帰省していた。その頃まわりのみんなはたまごっちやゲームボーイに興じていたが、うちの兄妹は非常にアナログな遊び方をしていた。チラシの裏に絵を描いたり、瓶の蓋でテントウムシのバッジを作ったり、家中の洗濯バサミをつなげて襟足につけて「ロン毛だ！」とはしゃいだり。テーブルの上をステージに見立てて、森高千里さんの歌を熱唱したりもした。

それから、小説も書いた。祖父の書斎から引っ張り出してきた古びた原稿用紙に、それぞれオリジナルの小説を書いた。その時兄が書いた話は、今でも覚えている。タイトルは『泣いたライオン』だ。

見た目がこわいというだけでみんなに嫌われているライオンと、そのたった1匹の親友のうさぎの話だったと思う。最後はうさぎが病気で死んでしまって、ライオンも悲しみに暮れて泣きながら死んでしまう。その姿を見て、みんなはやっとライオンの優しさに気付くのだった、という話である。

今の年齢で考えれば少しありきたりな内容なのかもしれないが、当時まだ8、9歳の子が書くにしては、できすぎているほどしっかりした小説だった。ちなみに私が書いた小説のタイトルは『死んだウサギ』だった。お察しの通りただのパクリである。

小説の審査員は母だった。母は絵本や児童書が大好きなので、嬉しそうに私たちの小説を読んでいた。兄の書いた『泣いたライオン』には、はなまるをつけていた。次に私の小説を読んだ母は、

「花ちゃんには花ちゃんにしか書けないものがあると思うから、お兄ちゃんの感じとはまったく違うのを書いてみたらいいんじゃない？」

と言った。

そして私の書いた小説のタイトルが、『幸瀬　幸』である。人名だ。なんて読むかおわかりだろうか？

「しあわせ　はっぴ」

もう一度言おう。

「シアワセ　ハッピ」

マジやばい。まさかのキラキラネーム先取りである。しかも書き出しも一字一句逃さず覚えている。

「ヤッホー☆　私の名前は幸瀬　幸（シアワセ　ハッピ）！　髪の毛がブロッコリーみたいで困っちゃう！」

たしかイメージは、『長くつ下のピッピ』だった。それがなぜこうなったのか。自分で

もよくわからない。ちなみにこれ以降の内容はまったく覚えていないが、母からは「花ちゃんらしくてすごくいいね」と絶賛されたことは覚えている。

それにしたって、ここまで鮮明に覚えているなんてありえない、どうせ今考えたんだろと思う方もいらっしゃるかもしれない。でもどうか信じて欲しい。鮮明に覚えているのには理由があるのだ。

他の人がどうかはわからないが、私の場合、自分の中で何かしらの感情をはじめて味わった時のことは、どれも割と鮮明に覚えている。はじめて感動して泣いた時のこと、はじめて恥ずかしいと思った時のこと、はじめて罪悪感を抱いた時のこと。その日自分が着ていた服や、自分がいた空間の物の配置など、割と事細かに思い出すことができる。

小説を書いて遊んでいたこの日のことに関して言うと、はじめて「この人には敵わない、負けた」と思った。それは悔しさともまた違う感情で、幼心にちょっとした挫折を味わった瞬間だった。なんでもかんでも兄の真似をして、そのうしろをぴったりついてきたつもりだったのが、急に遠い存在になってしまったような気がしたのである。

そのあと私は成長するにつれてどんどん生意気になり、荒れに荒れた思春期もあったりして、兄にも大層迷惑をかけた。少しずつ距離は離れて行ったが、時間が解決してくれたり少しは大人になったりもして、今は今なりの距離感で上手くやっているつもりだ。

普段、兄とはそんなに話さない。仲が悪いわけではない。ただ、ほどよい緊張感がある。私は兄を尊敬している。今でも変わらず兄は自分にはないものをたくさん持っているし、ずっと一生敵わない相手だと思っている。これはあとから聞いた話だが、兄もどこかで同じように思ってくれているみたいだ。兄妹であり、ライバルであり、戦友でもある。そんな感じだ。

そんな私たちだが、1年に一度か二度、8時間くらいずっと二人で喋り続けることがある。タイミングは自分たちでも謎だし、酒が入っているわけでもない。ただ、こんなに気の合う友人はいないと思うくらい、本当にずっと喋っていられる。

大体はじめはなんてことない話だ。デジモンが復活するらしいとか、コロコロコミックを読むとなぜか食欲がなくなるとか、おっぱいプリンが許せないとか、そんなところだ。だけど気付けば自分のこれからのことや不安なことも話したりしている。似ているようで違う二人だからたまに意見も食い違うが、最後はまあお互い頑張りましょうってことになって、その頃には大体日が昇っている。

そういえば、実は今回はじめて自分のアルバムを兄に渡した。聴いてくれたかどうかはわからないが、尊敬する相手に胸を張って渡せたことに意味がある。今私こんなことをしているよと素直に言えたのは、もしかしたらはじめてかもしれない。

いつか兄と仕事をするのが私の夢だ。どんな形でもいいのだが、なんとなく同じ現場に居合わせてみたい。そしてその時の話をネタに、また日が昇るまで、ああでもないこうでもないと話すのだ。

東京蛍

私は今、東京へ向かう新幹線の中にいる。

昨日今日は東北キャンペーンだった。わずか2日間しか滞在できなかったが、東北の空気はとても澄んでいる気がした。キャンペーン中に出会った方々が素敵な方々ばかりだったので、余計にそう思えたのかもしれない。

そして、あれ、東京はどんな空気だったかなとふと考えた。漠然と頭の中にはあるのだが、それを表すちょうどいい言葉がすぐに思い浮かばない。人が多いとかうるさいとかそういったことは言えるのだが、空気となると少し難しいのだ。皆さんなら何を思い浮かべるだろうか。

私はすぐに渋谷のハチ公が浮かんだ。さらに言うと、ハチ公横の喫煙所の前を通り過ぎた時のあの空気である。

ハチ公横の喫煙所には、いつもたくさんの人がいる。一人でタバコを吸っている人もいれば、複数人で談笑しながら吸っている人もいる。喫煙所の前を通り過ぎると、タバコの匂いがもわっと漂ってくる。しかし、それも人混みに紛れてすぐに消えてしまう。タバコの匂いと濁った雑踏の匂いが混ざったあの空気こそ、私の思い浮かべる東京の空気なのである。

先日そのハチ公横の喫煙所で、やんちゃそうなお兄さんが電子タバコを吸っているのを見かけた。男は黙ってタバコだろと言わんばかりのいかにもなルックスなのに、電子タバコを吸っているその姿には、若干の違和感を覚えた。何を吸おうとその人の自由なのはもちろんわかっているのだが、なんとなくそのお兄さんには、タバコを吸っていてほしかった。

私はタバコを吸ったことがない。くわえたことさえない。歌を歌い続ける限り、この先も吸うことはないだろう。

だからタバコのことは本当に何も知らない。でも、だからこそタバコには興味がある。というか少し幻想を抱いている部分がある。

学生の頃仲の良かった友人は、タバコを吸っていた。田舎から出てきたちょっとギャルっぽい子で、下ネタしか話さないし、危なっかしいことするしで最後の最後までよくわからないところもたくさんあったが、それでも私は彼女がとても好きだった。

彼女の家には何度か遊びに行ったことがある。ハート型の、安っぽい無駄にでかい灰皿がベランダにあったのをよく覚えている。彼女は綺麗好きだったので、部屋の中ではタバコを吸わなかった。吸う時は窓を半分だけ開けて、身体を半分だけ外に出して吸うのだった。どこともつかないどこかをぼんやり眺めながらフーッと煙を吐き出すその姿が、私は好きだった。

大人に言わせればただ粋がっているだけなのかもしれないが、タバコを吸う時の彼女の横顔は、なんだか寂しそうで、からっぽで、ちょっと色っぽかった。外で吸うところは何度も見ているはずなのに、部屋でタバコを吸う時の彼女は、やっぱり少し特別だった。

窓の外、ベランダの宙に浮くタバコの先は、蛍みたいだった。真っ暗闇の中でそいつは光る。少しずつ弱々しくなって、小さくなって、そして灰になる。

それがなんだか、普段は強がっている彼女の見せる弱さと重なる気がした。強がりなんて長くは続かないものだ。少しずつ疲れて、いつかは誰かに弱さをさらけ出して、きっとやがて消えてしまう。でも、それはなんとも言えず美しかったりもする。今思えば、強がりの彼女が自分を強く見せるために吸っているタバコの中に、私は彼女の弱さを見つけたような気がして、なんだか勝手に安心していたのかもしれない。

彼女は私と同い年なので、今はもう立派な社会人である。社会人になってからは会っていないが、SNSで見る限り元気そうだ。パーティーをしたり、美味しいものを食べたり、好きな服を買ったりして、どうやら充実した毎日を送っているようである。写真の中の彼女は、いつだって満たされた顔で笑っている。表情も柔らかくなった。そんな彼女の写真を見ながら、私はたまに考える。

彼女、今でもタバコを吸っているのだろうか。ひとりぼっちの夜には、蛍を宙に浮かべたりするのだろうか。私はやっぱり何も知らない。タバコのことも、彼女のことも。

ちょっと飲みに行こうぜ、と言ってサクッと会えばそんなこときっとすぐにわかるのだが、なんだか知らないままでいたい自分もいる。本当に勝手な話なのだが、今でもやっぱり強がっていてほしいのだ。強がっている姿の中に、弱さを見つけたいのだ。そして安心したいのだ。

ハチ公横の喫煙所の前を通り過ぎると、あの頃の彼女を思い出す。本当は脆くて繊細で、強がりな彼女のことを。

新幹線は間もなく東京に到着する。今日もたくさんの人だろう。いつもだったらただぼーっと家に帰るところだが、今日は少しだけ景色に目をこらしながら帰ろうと思う。あの子がどこかで、蛍を浮かべているかもしれない。

貯金の使い方

いやはや、何をやっても続かないのである。これまで私は、一体いくつのことに挑戦しては、失敗してきたのだろうか。昨年だけでも、自炊、日記、ストレッチ……筋トレに至っては、張り切って買った腹筋ローラーも、今や棚の上で腕時計掛けとして君臨しているありさまである。その中でも過去最高にあっけなく終わったものがある。

遡ること十数年前のある日、当時女子高生だった私は、500円玉貯金を始めた。毎日貯めて、ついに10万円になったという母の話に影響されたのである。それを聞いた私はすぐに近所の雑貨屋で貯金箱を購入した。

貯金開始から2日目、友人から「日曜日に横浜で映画見ようよ」と誘われた。二つ返事でOKしたものの、バイトの給料日前で、私の財布には1000円しか残っていなかった。最寄り駅から横浜まで電車で往復約500円、映画のチケットが1000円、たぶんそのあとはスタバに行くから、さらにあと500円は欲しい。どう考えてもあと1000円足りなかった。

しばらく考えたあと、私は貯金箱のことを思い出した。間違いない、昨日入れた分と今朝入れた分、合計2枚の500円玉がそこにはある。これしかない、と思った。

その日の帰宅後、ハンマーを手に取った私は、若干痛む良心と共に、勢いよく貯金箱を破壊した。呆れた母に大爆笑されたのを今でも覚えている。

そんな私も現在は、相変わらずヒーヒー言いながらも都内で一人暮らしをしている。極度の飽き性の私が唯一必死に続けられているもの、それが音楽である。

一人で食べて行けるようにならねばと横浜の実家を出てから、今年で6年。聴いてくれる人も少しずつ増えてきた。いろいろキツイ時もあったが、今思えば、どれも大したことではなかった。

野次も歓声も、いちいち拾い集めてコツコツ貯めていたら、たくさんの曲に生まれ変わった。何かを乗り越える力にもなった。この貯金、今回ばかりは絶対に無駄にしたくない。来月私は、メジャーデビューをする。

森ガール期

今でこそこんな感じだが、これまで一通りのファッションにはかぶれてきた。特に10代の頃は毎年のように服装の系統を変えていて、今思い返すといろんな「期」があったなあと思う。

「コンバースの靴ひもを根こそぎ派手なやつに変えちゃう期」「ボブにして眉毛を薄くすればいつかカエラちゃんになれると思ってた期」「変形アイテムをさらに自分流に変形させちゃう期」「逆にユニクロしか行かないとやたらと言いたがる期」……これまでいろんな服装に挑戦してはやめてきた私だが、そんな中でも最もやり過ぎてしまったのが、「森ガール期」である。

森ガールと聞けば皆さん大体想像はつくと思うが、わからないという方は画像を検索してみてほしい。ああたしかに、となるはずだ。

高校1年生の頃、私はまさに森ガールにどハマりしていた。茶色いボブヘアにゆるふわなパーマをかけ、ほっぺにはピンクのチークを丸く入れ、生成り色のトップスにロングスカート、ソックスにビルケンシュトックの靴が定番だった。周りにあまりそういった格好をしている子はいなかったため、たまに私服で遊ぶときには、物珍しいのもありみんなよく褒めてくれた。

「すごい、花は森ガールを確立しているね」

「妖精さんみたい」

「今度いつも行くお店連れてって」

など、女子高生の自分が悦に入るには充分すぎる言葉たちだった。

そこで満足しておけばいいものを、人間とは何をするにも褒められるとさらに欲が出てしまう生き物である。私は思った。

もっとオリジナルな森ガールになりたい——。

そこからである。深い森で迷子になってしまったのは。

手始めに私は、なぜか生成りのレースの紐をレッグウォーマーにぐるぐると巻き付けることにした。決して細いとは言えない足だったため、巻き付けるというよりもむしろ縛り上げると言った方が的確かもしれない。想像しづらいという方は、チャーシューを想像していただければ大丈夫である。これで下半身はだいぶ派手になった。となると、次は上半身である。

どうせなら下半身に負けないぐらいのパンチが欲しい。しかし上半身もいろいろやってしまうと、さすがにごちゃごちゃしてしまう。ここは一点豪華主義で、変わったネックレスなんてどうだろうか。素材さえ決まれば、革のひもでぶら下げてオリジナルのネックレスにしてしまえばいい。そこで森ガール関取は考えた。

鳥かごなんてどうだろうか――。

今考えると、完全に頭の大事なねじを森の奥に置いてきたとしか思えない発想である。大体私は鳥が大の苦手である。なぜ鳥かごをぶらさげようと思ったのか、まったく理解できない。

しかしそこは完全に森ガール脳になっている関取、「あのね、幸せの青い鳥がね、いつでも帰ってこられるように」などと思っていたのかもしれない。ちなみに今じゃ青い鳥と聞いても、「おう、ツイッターのことだな」くらいにしか思わない。それもそれで悲しい話ではあるが。

上半身もこれで完成した。あとは首から上の部分である。顔はメイクでどうにかなる。ではあとは何か、ヘアスタイルである。ゆるふわのパーマをかけてはいるが、+αで何かつけたい。こちらもパーツさえあれば、ヘアピンにボンドでつけてしまえば立派なヘアアクセサリーになるだろう。そこで再び森ガール関取は考えた。

どんぐりなんてどうだろうか――。

それも作り物ではないリアルどんぐりである。そのために公園に出かけて、わざわざ拾ってきた。どんぐりのヘアピンなんて、もはや罰ゲーム以外の何ものでもない。今やれと言われたら、迅速かつ丁重に、何より確実にお断りする。

こうして私のオリジナル森ガールスタイルが完成した。本当にこの格好で電車に乗っていたし、そこそこの人ごみの中で待ち合わせもした。待ち合わせ場所に到着した友人の一人は言った。「ムーミン谷にいそうだね」と。そして、もう一人の友人は私の姿を見てこう言った。「いやマジすぎだろ」と。

どんな言葉よりも正直なその言葉に、私はハッとした。その「マジ」にどんな意味が込められていたのかはわからない。だけど、たしかにハッとした。「マジになりすぎた」と。それから少しして、私は森ガールをやめた。

今ならわかる。引き算の美学というものが。欲張って足し算ばかりしすぎると、本来の目的はぼやけてしまうものだ。この引き算の美学は、今でもあらゆるところで大いに役立っている。服装然り、楽曲のアレンジ然り。ありがとう森ガール期。

こんな鳩はいやだ

鳩が怖いのである。はじめてそう思ったのは小学生の時で、あるシーンを見てしまったのが未だにトラウマとなっている。

真夜中にベランダから変な声がしたので、兄と二人で懐中電灯を手に見に行くと、室外機の裏で鳩が卵を産んでいた。暗闇に浮かび上がったあのぬらりと濡れた身体と開いた瞳孔は、忘れようにも忘れられない。鳩も鳩で必死だったのだとは思うが、当時の私にはそれがどうにもおぞましく見えてしまった。

そして最近、鳩に対して再び恐怖を覚える出来事があった。

東京駅の地下に、びゅうスクエア待ち合わせ場所というところがある。この階にはお弁当やお惣菜を扱うお店がずらりと並んでいて、新幹線に乗る前に買ってみんなそこで食べていたりする。私も新幹線を利用する際にはよくここで時間を潰している。

先日、そこの椅子に座って私がお弁当を食べていた時のことである。突然ふくらはぎのあたりに何かがぶつかる感じがしたので、何か落としたかなと思い下を覗き込んでみると、そこには鳩がいたのである。

私は思わず「うわ！」と声を上げながら、足をジタバタさせてしまった。しかしその鳩は普通の鳩とはどうやら違うようだった。

もう、まったくと言っていいほど動じていないのである。「ここ俺の庭ですけど何か？」みたいな顔をして、やけに落ち着き払ってそこにいるのだ。その「もうこんなの慣れっこですよ」みたいな表情からは、こんなセリフが聞こえてくるようだった。

「東京駅から新幹線乗るたびに、未だにワクワクしちゃってんすか？　俺なんて毎日ここ来てるから飽き飽きしてるっすけどね」

「ていうかなんでそんな質素な弁当選んだんすか？　もっとパーっといいやつ食いましょうよ、俺そういうの見てらんないっすよ」

「ていうか早く飯くださいよ」

完全にナメられていると思った。怖い。わけのわからない自信に満ちあふれているその感じ、超怖い。

そんなわけでなぜか私の方が肩身の狭い気分になってきたので、早くこの場から立ち去ろうと思ったのだが、椅子を動かしても何をしてもやはりヤツは微動だにしなかった。人間が少しでもアクションを起こしたら、逃げたり飛んで行ったりするのが鳩の習性だと思っていたが、もはやそんな常識はもう古くて、実は私が遅れているだけなのかもしれないとさえ思った。

出発まではまだかなり時間があったが、居場所も自信もすっかり失くしてしまった私は、さっさと駅のホームに向かった。

ホームでボーッとしていたら、また別の鳩を見かけた。でもその子は人間が来たらちゃんと早足になる、いわゆるステレオタイプ的な鳩だったので、少し安心した。それに比べてさっきの鳩は……などと考えているうちに、ふと一つの疑問が浮かんできた。

なぜさっきの鳩は地下に来ることができたのだろう。ホームは外に開けた空間だからわかるのだが、地下はどうだ。窓もないし、他に直接入ってくる入り口もないはずである。私はあそこへ行くのにいつもエスカレーターか階段を使っているが、まさかあいつもそれを利用して地下までやってきたというのか。

え、だとしたらめちゃくちゃ怖い。そんな鳩いるのか。実は中に人間が入っているとか、もしくは何らかの調査で訪れた地球外生命体の仮の身体とかなんじゃないか。いずれにしても、こんな鳩はいやだ。

スイーッ…

恋地蔵

1年前の夏、好きな人ができた。

その人とはこれまでも何度か会ったことはあったのだが、共通の知り合いと一緒の席でお酒を飲んだりするくらいで、特にこれといった会話をしたことはなかった。誰かの隣にいつもちょこんといる人くらいの認識で、きちんと顔を見たこともなかった。

しかし、ある日久々に会ってその人の横顔を見た瞬間、急に胸がざわざわして目が離せなくなってしまったのである。

恋をする瞬間というのは人によってそれぞれだと思う。その人に触れたいと思った時かもしれないし、他の誰にも取られたくないと思った時かもしれないし、運命を感じた時かもしれない。私にとってのそれは、その人のことを知りたいと思った時である。

正直言うとここ数年間、誰かのことを知りたいと思ったことが一度もなかった。素敵な人だな、格好いいな、すごくタイプの顔だな、と思うことはあっても、それ以上の感情になることはなかった。

でもなぜかその人の横顔を見た瞬間、無性に知りたいと思ってしまったのである。理由は本当に、自分でもよくわからない。私はとりあえずその人がどんな人だったかをあらためて思い返してみることにした。

その人はいつも気付いたらそこにいて、だからと言って自分から何かを話し出すこともなく、何よりあまり笑わない人だった。そういえば私は普段みんなが楽しそうにしているところで笑わない人がいると、どちらかというとなんだよと思ってしまうのだが、その人に対してはそう思ったことがなかった。なんというか、すべてを俯瞰して見ているような妙な雰囲気があった。石のように動かない頑固さもありそうで、それでいてなんでも受け入れる懐の深さも持っていそうな、不思議な人だった。よくわからないけれど、ああ、なんだか地蔵みたいな人だな、と思った。ちなみに見た目は全然地蔵系ではない。

しかし、しばらく恋というものから遠ざかっていた私は、その次に何をすればいいのかがまったくわからなかった。もちろん連絡先なんて知るはずもない。友人に相談したところ、何かしらのSNSはやっているだろうからそこから繋がればいいのでは、とアドバイスをくれた。ところが天邪鬼な私は、なんでもかんでもとりあえずSNSという世間の風潮に乗っかりたくないと思ってしまい、もっと別の方法でその人のことを知ることはできないものかと考えた。

そこで手始めにインターネットで「地蔵」と検索してみたところ、約１３００万件もヒットした。１３００万の地蔵。ものすごい数である。頭の中に、中国の兵馬俑《へいばよう》の如く無限に並ぶ地蔵の姿が浮かんだ。なんだか急に恐ろしくなり、そっとパソコンの画面を閉じた。

そして、もっとアナログな方法で知る方が地蔵には合っているのではないかと考えた私は、図書館に行って笠地蔵の絵本を読んでみることにした。ここに何かヒントがあるかもしれない。しかし、むさぼるように何度も繰り返し読んではみたものの、得られた情報はただ一つ、笠地蔵はいい話だ、ということだけだった。

しばらくしてようやく無意味なことをしていると気付いた私は、何事もなかったかのように絵本を本棚に戻し、その場を後にした。小さな男の子が、見てはいけないものを見るような目つきでこちらを見ていた。

帰り道、そんな自分にどうしようもなく嫌気がさしたので、ちょっと飲みに行くことにした。チェーン店の居酒屋で一人生ビールを飲みながら冷やしトマトを食べていると、隣の席から不器用な男女の会話が聞こえてきた。

出身はどこなのか、好きな食べ物は何なのか、芸能人は誰が好きなのか。他愛もない会話だが、時間が経つにつれ二人の距離が少しずつ縮まっていくのがわかった。そうか、笠地蔵を読むよりもまずは会って会話だよな、と思った。

私はアルコールの力を借りて、共通の知り合いにその人の連絡先を聞き、連絡してみることにした。散々遠回りした挙句、結局はド直球の正攻法を使ったのである。思い切って誘ってみたところ、すんなりと予定を取り付けることができた。あの無駄な時間は一体何だったのか。

そして数日後、私はついにその人と二人きりで飲みに行くことに成功したのである。

しかし結果は散々なものだった。というより、何も覚えていないのである。緊張しているのを悟られないためにお酒をたくさん飲んだことと、常に穏やかな笑みを絶やさないように心がけていたことだけは覚えているのだが、それ以外のことはもうまったく記憶にない。

後日友人にそのことを話すと、

「ただ穏やかな笑みを絶やさずにいただけって、まるであんたが地蔵だね」

と言われた。その通りである。

それからも何度か会う機会はあったものの、その度にあの日失礼なことを言ってしまったのではないかと考えてしまい、私はその人の前に出ると頭も身体も石のように固くなり、より一層強固な地蔵になってしまうのだった。そうこうしているうちに自分の仕事が急に忙しくなり、愛だの恋だの地蔵だのに想いを馳せる余裕もなくなり、自然とそんな淡い気持ちも薄れていった。

先日散歩に出かけた先で、小さな地蔵を発見した。住宅街の隅っこ、誰にも気付かれないような場所に、忘れられたようにひっそりと佇んでいた。なんでこんなところにいるのだろう、いつからここにいるのだろう。なんだか久しぶりに、知りたいと思った。今年ももうすぐ、夏がやってくる。

誕生秘話

ある日、電車に乗っていた時のことである。隣に座っていた4、5歳の女の子と、彼女の母親の会話が聞こえてきた。純真無垢なキラキラの瞳で、彼女は母親にこう言った。

「私はどこから生まれてきたの？」

で、出たその質問！　と内心思いながら、私は耳をそば立てた。一体どんな返答をするのだろう。するとその子の母親が、穏やかな表情でこう言った。

「天使が運んできてくれたんだよ」

100点。もう100点満点。グッジョブお母さん。これには女の子も、そうなんだと納得の様子だった。

幼い頃に誰もが一度は抱くこの疑問、そして一度は投げかけるこの質問。たとえ真実は一つだとしても、すぐにそれを事細かに話す親はあまりいないだろう。だからそれぞれの

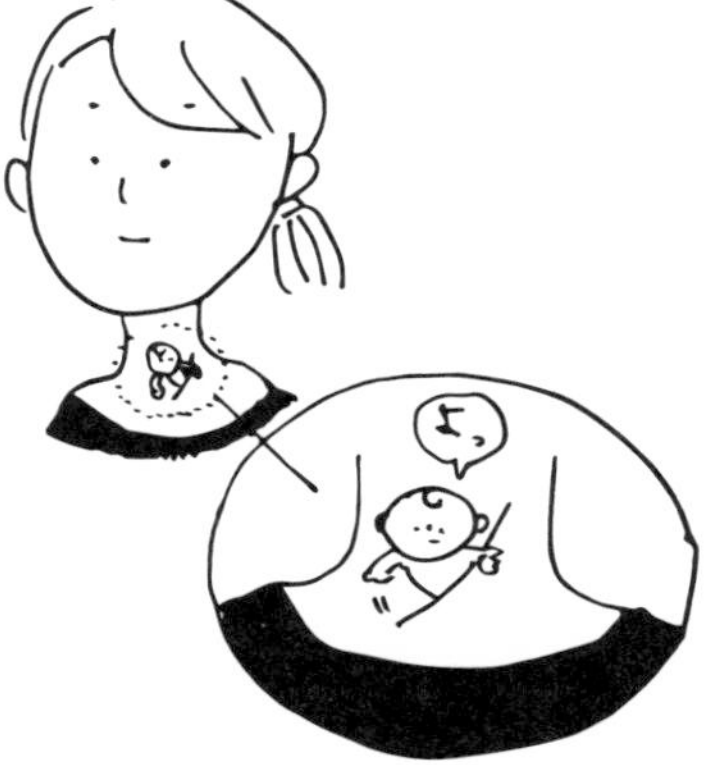

答え方で、それぞれの生まれてきた場所をまずは教えるのだ。

私もかつて同じ質問を母にしたことがある。「私はどこから生まれてきたの？」と。あれは小学校に上がるか上がらないかの頃だったと思う。今でも忘れはしない、私の母はたしかにこう言ったのだ。

「首よ」

「首から生まれてきたのよ」

あまりにも自信満々に、あまりにもさも当たり前よといった感じで母が言うので、私はそれを信じた。割った竹からかぐや姫が生まれてきたように、首がパカっと開いてそこから生まれてきたのか、そう思った。

今になってみれば、それがどれほどえげつない光景かは想像しただけでなんというか本当にあれなのだが、何しろ純真無垢な少女の頃である。私はなぜか納得してしまったのである。

それから少しして、友達と「私たちはどこから生まれてきたのか談義」になった。ある友達は「天使が運んできてくれた」と聞いたと言う。また他の子は、「コウノトリが運んできてくれた」と聞いたと言う。あれこれ話しているうちに、「きっともとは天使が運んでいるんだけど、途中でなんらかの事情でコウノトリに預けた場合、コウノトリが赤ちゃんを運んでくる場合もある」という結論に至った。そして「花ちゃんはどこから生まれてきたの？」と聞かれたので、私は自信満々にこう答えた。

「首」

「私、首から生まれてきたらしい」

その直後、謎の沈黙と不穏な空気が私たちを包んだことは言うまでもない。

生きてるだけで
ダイエット。
まちがいない

ON AIR

ぜひ来て
ちょんまげ

徒歩15分って、
それって普通に
長距離だから

食欲が…!!!
止まらない…!!!

あの頃私はハタチだった

今日は成人の日である。毎年この時期、街中で素敵な振袖姿のお嬢さんたちや初々しいスーツ姿の青年たちを見かけると、自分が20歳だった頃を思い出す。

私は当時大学生で、特にまだ将来やりたいことが決まっているわけでもなく、取り立てて熱心に勉強に励むわけでもなく、かと言って他に打ち込むものがあるわけでもなく、なんとなくで毎日を過ごしていた（音楽の方も、主にサークルでコピーバンドをワイワイやるくらいだった）。

そのせいか、20歳の頃にあった出来事はそんなに細かく覚えていない。というか、具体的なことなんてほとんど覚えていない。ただ流れに身を任せて、今日が楽しければいいや、という感じで日々を過ごしていたのだと思う。でも、毎日楽しかった。

友達がいて、好きな人がいて、欲しい服があって、したいメイクがあった。将来それが役に立つのかとか、自分の人生にとって果たしてそんなに重要なものなのかとか、何も考えずにいられた。だから、毎日楽しかった。

その反面、私は家では反抗期をまだまだ爆発させていた。両親、特に母に対しては、何を言われても「私のことなんて何も知らないくせに」と思ってしまっていた。おはよう、いってらっしゃい、おかえり、おやすみ、そんな言葉に対してでさえもだ。

ごめんなさいとありがとうなんて、言ったら負けくらいにどこかで思っていた。ちっぽけなプライドを、自分でもよくわからないうちにナイフのように振り回していた。別に誰かを傷つけたいわけでも、守りたいものがあるわけでもないのに。

そんな中迎えた成人式の日、私も振袖を着た。たしか私は、前撮りとか成人式とか、めんどくさいしお金かかるし、着物なんて準備しなくていいよ、と言った。すると母が、「あなたのために着てほしいとかは言わないけど、私のために着てほしい」と珍しく真剣な目をして言ったので、私は渋々着ることにした。

でも、その着物を母が見せてくれた瞬間、「わあ」と思わず声が出た。

決して奇抜じゃないけれど、誰とも似ていない、何十年も前のものだけれどまったく古くない、心から素敵だと思えるものだった。綺麗で、でもそこには凛とした強さみたいなものも感じた。それは、かつて祖母が母に買ってあげたものだった。母が自分の成人式の時に着たものだった。

着付け会場に着物を持って行くと、スタッフのお姉さんがすごく褒めてくれた。本当に素敵なお着物ですね、と。もしかしたら優しさでみんなに言っていたのかもしれないが、だとしても嬉しかった。自分を褒められたからというより、自分の母や祖母が褒められているような気分になって嬉しかったのだ。でも、そんなことを素直に母に報告できるわけもないので、私はお姉さんに「ありがとうございます」と言うことしかできなかった。なんでお姉さんには言えるのに母には言えないんだろう、と思った。

そんなことを考えながらされるがままになっていたら、着付けが完了していた。はじめて着た振袖は、想像よりもはるかにずっしりしていた。深呼吸をしたら、これまでのいろんなことが頭の中を駆け巡った。

一人の人間をここまで育てるって、どれほどのことだったのだろうか。一緒に笑って、泣いて、怒って、ひどいことも言われて、都合のいい時だけ甘えられたりもして、それでも投げ出さないで育ててくれた、親の20年。自分のことをたくさん犠牲にしてきたであろう20年。振袖を着てはじめてわかった、たしかな重みだった。

あの時の感覚は、それからもいろんな節目で思い出した。大学を卒業する時、音楽の道

二十歳
眉もの抜きすぎ 要注意
眉尻だけは
意外と生えない
はな

に進むと決めた時、一人暮らしをはじめた時。そしてきっとこれからも、度々思い出すのだろう。

　あれから8年が過ぎた昨日、私は両親とごはんを食べに行った。真面目な話も少ししたが、基本的にはどうでもいい話をたくさんした。別れ際に、当たり前のように「ありがとね、またね」と言った。28歳になった今、何の恥ずかしげもなくその言葉が言えるようになったのは、ひょっとしたらあの時の振袖のおかげかもしれない。

　新成人の皆様、ご成人おめでとうございます。これからの日々が、皆様にとってより素晴らしいものになりますように。

だから私は

排水溝の掃除が好きだ。理由は単純で、やったらやったぶんだけみるみるうちに綺麗になるからである。ヌメリも水垢もすぐに取れて、匂いも手触りもまるで変わる。ホコリを取ったり掃除機をかけたりするのも嫌いではないが、わかりやすさでいうと排水溝が一番だ。

目に見えてすぐに結果が見えることというのは、案外あるようでない。どんなに筋トレをしたって腹筋が割れるまでには相当な時間がかかるし、植物だってすぐに芽が出たり花が咲いたりするわけではない。最近は多少大人になってその過程も楽しめるようにはなってきたが、やっぱりすぐに結果が出たり反応があると嬉しいものである。

だから私はライブが大好きだ。

その場でお客さんの反応がすぐに返ってくる。いいライブをすれば、まずお客さんの目が変わる。そしてその場の雰囲気もガラッと変わる。そしてそれを自分の肌で感じることができる。こんなに素晴らしいことはないと思う。

はじめてそれを感じたのは18歳、大学1年生の夏だった。閃光ライオットというコンテストで決勝に進出した時、1万人を超えるオーディエンスの前でライブをした。2万個以上の目がステージの上でギターを持つ私たった一人に注がれているのを見て、すごい景色だなと思った。でも、不思議と緊張はしなかった。

歌い出した瞬間、その場に流れる空気が変わったのを感じた。ざわついていた会場が一気に静寂に包まれて、私の声だけが響き渡る。やわらかい風に吹かれながら、止まった時間の中を泳いでいるような感覚で、ただただ心地良かった。

ああ、ここにいれば私は大丈夫だとなんとなく思った。ありのままの自分が受け入れられたような気がした。そして少しだけ自信が持てた。自分のことが少しだけ好きになれた。

しかし、その時は音楽で食べて行こうなどとは思っておらず、その大会の流れから1枚だけミニアルバムを出させてもらったが、なんとなくもういいかなと思い、そのあとはしばらく学生生活をエンジョイしていた。

大学ではバンドサークルに入っていたため、年に2回くらいは学祭のステージで歌う機会があった。コピーバンドでいろんな曲を歌ってとても楽しかったが、やっぱりあの時の感覚とは少し違うものだった。

それは見てくれている人数の問題ではなく、良くも悪くもあくまでも楽しむことがメインで本気では歌っていなかったため、見ている人の目が変わったり空気がガラッと変わったりするあの感じは味わえなかったからである。「なんか楽しいね、盛り上がってるね」という雰囲気に寄ってきてくれる人や楽しんでくれる人たちはいたが、自分の作った曲を聴いて誰かがハッとしてくれるあの瞬間を一度目にしてしまっているせいで、どこか物足りなく感じてしまった。

そのあとしばらくして、昔応募していたまた別のコンテストでの動画をたまたまCM制作会社の方が見つけてくれて、神戸女子大学というところのCMソングを書き下ろすことになった。

ちょうどその話が来たのは就職活動真っ最中、企業の面接に向かう途中だった。自分のやりたいこともよくわからないままなんとなくモヤモヤしながら過ごしている時期だったのもあり、これも何かのタイミングだと思って、二つ返事でやりますと言った。

そして私は、『むすめ』という曲を書いた。親元を離れて一人暮らしをする娘のことを歌った曲で、サビの歌詞は「学べ　学べ　学べよ　学べ」というものである。ちょうど進路に迷っている自分とも重なる部分があったし、我ながらいい曲が書けた自信があったので、CMが放送されてからはその反応が気になって、ツイッターでよく検索をした。どんな感想をみんな抱いてくれているのだろう、どれくらいの人に響いているのだろう。淡い期待に胸を膨らまして覗いてみたら、はじめは散々なものだった。

「偉そう」

「学べとかお前に言われたくない」

「上から目線がすごい」

ちなみに個人的に好きだったのは、

「あのCMが流れるとうちの猫が遠くに逃げる」

である。

とにかく予想とは真逆の反応に、私は驚いた。でも、なぜか傷つくことはなかった。普段は何をするにも周りの反応ばかりを気にしてしまっていたのに、その時は全然大丈夫だった。それは18歳の夏、あのステージに立った時の不思議な安心感に少し似ていた。大丈夫、いつかは絶対に伝わるはずだという自信があった。

サビの「学べ」は、決して私が誰かに説教しているわけではなく、親が娘を思って言ってくれたり、自分自身に言い聞かせたりしている歌詞である。フルで聴けばわかりやすいのだが、CMには当然尺があるのでフルで流すことはできない。だからそう思われるのは仕方のないことだ。

でも、だからこそやっぱりフルで聴いてほしい。日に日にその思いは募って行った。じゃあフルで聴いてもらうにはどうしたらいいいか、私は考えた。CDを出したりすることはその当時は決まっていなかったし、自分でその機会を設けるしかないと思った。私はまたライブがしたいと思った。

そんなある日、CMは主に関西で流れていたこともあり、京都のライブハウスからライブのオファーをただいた。そんなのやるに決まっている。トントン拍子に日程が決まり、いよいよライブ当日、私は久々にステージに立った。何曲か歌い、次に歌うのは『むすめ』。

曲前のMCで、

「私、あの学べ～の歌を歌ってるんです」

と言ったら会場が、

「おお、あれか……」

と少しざわついた。苦笑もあったと思う。

「フルで聴いてみたら、きっとまた変わると思います」

そう言って、私は心を込めて『むすめ』を歌った。

お客さんの目の色が、徐々に変わっていくのがわかった。歌詞が進むにつれ、どんどん真剣な眼差しになり、中にはそっと瞳を閉じて、じっと耳を澄ましてくれている人もいた。涙を流してくれている人もいた。

久しぶりの感覚だった。ゾクゾクした。

ステージに立つ側も見る側も、ここでは嘘がつけない。本気でぶつかるからこそ生まれるリアルな反応や空気感は時にシビアかもしれないが、こんなに信頼できる場所もない。私はこの時、あらためてライブの魅力に取り憑かれてしまった。もっとライブがしたい、そう思った。

終演後の物販には、長蛇の列ができた。『むすめ』をはじめてフルで聴いた感想を、涙ながらに話してくれる人もいた。それから少しして、私は就職活動をやめた。

あれからもう何年が過ぎただろう。いろんなことがあった。いいことばかりではなかったし、やめたいと思ったことなんて何度もある。長く続けることで失ってしまったフレッシュさや純粋な気持ちだって、少なからずあるだろう。

それでもライブをする度に、私はあの頃の自分に帰る。18歳の夏や、京都のライブハウスのステージに立ったあの日に。やっと居場所を見つけたと思えたあの瞬間に。だからライブはやめられない。だから私は、歌を歌い続ける。

出会いは書店で

突然ですが、みなさんはいつもどこで本を買いますか。

今は非常に便利な時代で、ネット通販、電子書籍など様々な方法で本を入手することができる。夜にポチッとすれば翌日には家に届くし、電子書籍ならかさばらないしその場ですぐに読むこともできる。

文庫本ならまだしも単行本ともなると結構な大きさと重さだし、荷物が多い時やカバンが小さい時なんかは持って帰るだけで一苦労だから、こうしたサービスは非常にありがたい。仕事や健康上の理由などでなかなか外に出かけられない人や、近くに書店がない人、そういった人たちでも気軽に本を楽しめるようになったのは本当に素晴らしいことだ。

でも私個人としては、やっぱり本は書店で購入するのが好きだ。もちろんネット通販も時々利用したりはするが、基本的には書店で購入する。

大量に購入してものすごい重さになってしまった場合は、書店の配送サービスを利用している。店によっては購入金額次第で配送料が無料になったりするところもあるので、大いに活用させてもらっている。

正直どうせ自宅に届けるなら、ネット通販の方が早いし楽なのはわかっているのだが、書店で購入した本の方が確実に愛着が湧く。

これはあくまでも私の経験上だが、なぜかネット通販で購入したものは積読《つんどく》してしまう傾向にある。書店で購入したものは、いつどこでそれを見つけて、どんな理由で読もうと思ったのかをなんとなく思い出せるのだが、ネット通販だと忘れてしまうことが多い。だからどうしても後回しにしてしまう。

また、思わぬ出会いがあるのも書店ならではのことだ。

書店の楽しみ方は人それぞれだと思うが、私の場合、気になるジャンルの棚にずらりと並んだ背表紙を眺めながら、端から端までゆっくり歩いて行くのがいつもの楽しみ方である。しばらくそうして眺めていると、なぜか無性に惹かれるものに出会うことがある。その一冊だけがピカッと光って見えて、気付いたら手を伸ばしているのだ。

いわゆる恋愛でよく聞くところの、「ビビッとくる」というやつかもしれない。そっちの方の確率はよくわからないが、本に関してはかなりの高確率で良いものに当たる。本のタイトルには作家の感性が色濃く出ているはずだから、そこに直感でビビッときたということは、内容も大体間違いないのだろう。

それで言うと、私にとってレイ・ブラッドベリの本なんかはもう全部がそれだ。一体どんな内容なのか良い意味で予想できず、でもきっと何かがあるような気がして、どのタイトルも見ただけで未だにワクワクする。『ウは宇宙船のウ』『10月はたそがれの国』『二人がここにいる不思議』……どれももう何回読んだことだろう。

また書店では、「ビビっとくる」の他に「一目惚れ」の出会いもある。もしかしたらこれはCDやレコードでいうジャケ買い的なことかもしれない。

簡単に言うと、その装丁に一発で心を奪われるということだ。単純に表紙の絵などが美しくて惹かれることもあるが、インターネット上で見るだけでは絶対にわからない、紙の質感や細かいフォントの感じにグッときたりすることもある。装丁とタイトルがあまりにもマッチしていると、感動して思わず一人でニヤついてしまうこともある。

ちなみに私がこれまで一目惚れした本の中でも特にお気に入りなのが、ドランクドラゴンの鈴木拓さん著、『クズころがし』である。

表紙は左上の端っこにタイトル、右端の真ん中くらいに著者名、一番下に信じられないくらい小さな文字で出版社名が印刷されているだけで、あとは何もない。ただただ真っ白だ。

ほとんどが余白という潔い表紙なのだが、よく見るとタイトルの『クズころがし』の「こ」だけが逆さまになっていたり、文字の並びが実はガタガタしていたりと、さりげないこだわりが絶妙な味を醸し出している。これは実際に目で見ないとわからないと思う。そして本を読むと、鈴木さんの語り口やその内容と相まって、さらにこの表紙が味わい深く感じられるのだ。笑えるのにちょっと考えさせられて、でも読み終わると不思議と気持ちが楽になるこの本は、書店で装丁に一目惚れして購入して以来、今でも時々引っ張り出しては繰り返し読んでいる大好きな一冊である。

他にも書店では様々な出会いがある。店員さんの書いた手書きポップや、たまたますれ違った人が手に持っていた本、貼ってあるポスターなんかから面白い本に出会うことだってある。そしてもしかしたら、それが自分の人生を変える運命の一冊になるかもしれないのだ。そんな場所に入場無料で入れて、開店中は時間無制限でいていいなんて、書店は本当に最高である。

と、ここまでなんだかついつい熱く語ってしまったが、私はこれまで決して膨大な量の本を読んできたわけでもないし、ものすごく知識が豊富なわけでもなんでもない。でも本は好きだ。そして書店も好きだ。そこに行けば、新しい本との、そしてまだ知らない自分との、思わぬ出会いがある。

あ、でももしどこかの書店で私を見つけても、その時はそっとしておいていただけるとありがたい。

一人で書店巡りをしている時は、人と出会う気はゼロの格好をしているので。

ワイン、ゴダール、ズッキーニ

黒と白でシンプルにまとめたファッションの差し色に赤のソックスを持ってきている男性を見かけると、なぜか頭に、

「ワイン」

「ゴダール」

「ズッキーニ」

という単語が思い浮かぶ。

それはおそらく私が、先に挙げたようなファッションの男性は、全員ワインとゴダールとズッキーニが大好きなはずである、という強いイメージを抱いているからである。

偏見と言うと聞こえが悪いが、その人の中身を何も知らないからこそ抱く勝手なイメー

ジというのは、非常に面白いものだと思う。

こんな人はきっとこんな生活を送っているだろう、と想像し始めると、あっという間に時間は過ぎる。私の場合、気付いたら4、5時間が平気で過ぎていることもある。

私は今、盛岡から広島まで新幹線で移動している最中である。もろもろ合わせたら6時間以上の移動時間になる。

ということで暇潰しがてら、先ほどの「黒と白でシンプルにまとめたファッションの差し色に赤のソックスを持ってきている男性」について、いろいろと想像してみようと思う。

朝は必ず7時に起床することにしている。たしか、幼少期に読んだ小説の主人公がそうだった。それから真似するようになったのだ。

洗面所で軽く顔を洗ったら、ワッフル地のタオルで顔を拭う。べっこうでできた櫛でサッと髪をとかし、忘れないうちにゴミを捨てに行く。

キッチンへ移動し、ポットで湯を沸かす。その間に、知り合いから「美味しいから是非飲んでみて」と勧められたコーヒー豆をミルで挽く。他にもコーヒー豆はいくつかストックしてあるが、一日の始まりは、いつだってこの豆と決めている。

窓を開けていないことに気付く。生成り色のシンプルなカーテンを開くと、窓辺に置いたアイビーの葉と目が合った。外の天気は、少し雲はあるものの、晴れ。これくらいがちょうどいい。やりきれなさが少し残っているくらいが、どうやら自分には心地いいようだ。

湯が沸いた。先ほどミルで挽いたコーヒー豆に、ゆっくりと注ぎ入れる。じんわりと広がる湯気に目を細めながら、昨夜のことを思い出す。たしかに、少し飲みすぎた。70年ものの美味しいワインが手に入ったので、ゴダールの映画を見ながら深酒してしまったのだった。

コーヒーを飲みながら、朝食の準備に取り掛かる。軽く熱したフライパンにオリーブオイルを広げ、ズッキーニを炒める。ソルト&ペッパーで味付けしただけのシンプルなものだが、これが美味いのである。本当はガーリックも入れたいところだが、今日は午前中からデザイナーとの打ち合わせがあるので、失礼がないようにやめておこう。

ズッキーニを皿に取ったら、フライパンに残った油でスクランブルエッグを作る。ローズマリーで香りをつければ、ハード系のパンとの相性も抜群だ。朝は、これくらいでいいのだ。なるべく身軽に外へ飛び出したい。荷物と思い出と朝食は、いつだって軽めがいい。

朝食を済ませ食器を洗ったら、再び洗面所へ。馬毛の歯ブラシで歯を磨く。時間をかけて、ゆっくりと。鏡を見ると、まだ少し眠たそうな自分がいる。大丈夫、出発まではまだ少し時間がある。

ぼんやりとした頭に、メロディが欲しい、とふと思った。部屋へ戻りレコードに針を落とす。蚤の市で買った、ジャズのレコードだ。

調べても名前が出てこないようなミュージシャンのものだが、朝はなぜだかこの一枚が落ち着く。自由の楽しみ方を知っている音がする。出発まであと10分。そろそろ着替えをしようか。

白いTシャツに黒いジャケット、そして黒い細身のスラックス。ファッションは、何よりもサイズ感が大事だと思う。いくら優れたデザインであっても、身の丈に合っていなければ、せっかくのデザインを殺してしまいかねない。だから、自分の身体にフィットするものを見つけたら、同じものをいくつもストックしておく。

たまに、「昨日と同じ服だね」と言われることもあるが、そういう時は、「あるいは、そうかもね」と答えるようにしている。こだわりは自分だけがわかっていればいい。人に押し付けるものではないと思うから。

引き出しの中から、赤のソックスを取り出す。朱色でもワインレッドでもない、この赤がいい。よく、「いつも冷静だね」と言われるが、「ともすれば、そうかもね」と答えるようにしている。内に秘めた情熱の赤は、自分だけがわかっていればいい。いくつかの秘密を抱いている人の方が、魅力的だと思うから。

レコードから、聴きなれたサックスのソロが流れてきた。ということは、もうそろそろ出発をしなければならない。玄関へ急ごう。

下駄箱の上に置いた鍵と財布をポケットに入れる。これだけでもいいのだが、ハンカチと万年筆、小さなメモ帳と文庫本は持って出かけたい。カバンを持つのはあまり好きではないが、ポケットにすべてを入れる気にはなれない。何事も詰め込みすぎると、いつかどこかで壊れてしまう気がするから。

だから結局、小さなエコバッグか、使い古してクタクタになった革のカバンを持って出かける。どちらも例の蚤の市で買ったものだ。高いものではなかったが、なんとなく心惹かれた。自分の知らない物語を、連れてきてくれるような気がしたから。

もう一度部屋に戻り、窓の戸締りと、電気と火の消し忘れがないかを確認する。大丈夫、問題ない。と思ったが、iPadとiPhoneを充電したままだった。あぶないところだ、これがないと今日一日を無駄にしてしまう。

カバンにさっと放り込みながら、iPhoneの画面で時間の確認をする。いつもの出発予定時間まであと1分。よかった、間に合った。待ち受け画面で、クリムトの絵が笑った。

え、なにこれ楽しい。広島着いたわ。

太ったんじゃない
今年の福を
蓄えたのだ

そうじゃない
布団が私を
離さないのだ

カラオケで
ジャニス・ジョプリン
熱唱すれば
たぶん痩せる

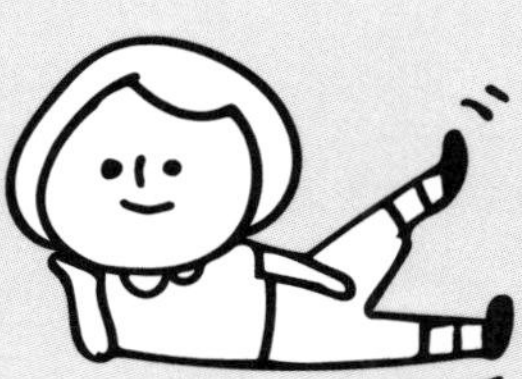

迷惑メール

最近、迷惑メールがたくさん来る。

しかも毎回違うアドレスから送られてくるので、受信拒否設定をしてもキリがない。その名の通り本当に迷惑なメールだなあ、と思うばかりである。

どうせなら面白いアドレスから送ってきてくれればいいのに、機械的に作られたアドレスから「お金がなくて困っています」などとメールが来ても、なんだかなあと思ってしまう。どうせならもっとこう、切羽詰まっている感じとか、ちょっとしたユーモアとか、とりあえず内容だけでも見てみるか、と思わせてくれる何かが欲しい。

はじめて自分のメールアドレスを考えた時なんて、相当頭を悩ませたものである。地味にその人の趣味趣向が色濃く出る部分であるから、プロフィールの一部と言っても過言じゃないくらいに思っていた。いかにここでキャラを出すか、それが肝心だ、と。中学生の時、はじめて持った携帯電話で設定したアドレスは、今でもしっかり覚えている。

高校生の時には、クールで聡明で品があって、ちょっといいなと思っていた男の子とアドレスを交換したら、その子のアドレスが「crazy_love_crazy@……」みたいなやつだったのを知り、恋心が冷めたこともある。

些細なことなのかもしれないが、実際こうして記憶に残っているわけだし、たかがメールアドレス、されどメールアドレスなのである。では、どんなアドレスからのメールだったら、たとえ迷惑メールだったとしてもまだ許せるだろうか。

yabai-okanenai-yabai@……

nandemo-surukara@……

mainichi-meshi-hirottekutteru@……

なんてどうだろうか。

最後のなんて、必死すぎてもはや健気ささえ感じる。こんな感じのアドレスからのメールなら、とりあえず本文を読んでみようという気持ちになるかもしれない。

迷惑メールを送ってくる業者の方々も、この春からはもう少し手間暇かけてアドレスを考えてみてもいいのではないだろうか。まあ、送るのをやめていただけると一番ありがたいんですけどね。

マリモとパリピ

先日、広島でお昼の生放送番組の代打パーソナリティを2日間務めさせていただいた。行きは品川から新幹線に乗るなり爆睡して、気付いたら広島に到着していたのだが、帰りは放送後のアドレナリンが出ている状態で乗車したため、なかなか寝付くことができなかった。

それなのにこういう時に限って、持ってきた本は前日にホテルで読み切ってしまっていたし、Bluetoothのイヤフォンのバッテリーも切れてしまっていた。だからと言ってスマホでネットサーフィンをすると、目がギンギンして家に帰ってからも余計に眠れなくなる。これから約4時間も新幹線に乗るというのに、完全にやることがなくなってしまったのである。

唯一やれることといえば何か食べることとくらいだったのだが、あいにく持ち合わせているのは広島駅構内で自分へのお土産に買った牡蠣のオイル漬けの缶詰のみだった。お酒もないのに食べる気分にもなれなかったし、だいたい箸も持っていなかった。

さてどうしようと考えた結果、私は一人でしりとりをすることにした。

しかし、いざやろうと思うと案外難しいものである。簡単すぎてもつまらないので、それなりの難易度を設定しなければならない。しりとり→りんご→ゴリラ……といったありきたりなやつではきっとすぐに飽きてしまう。

そこで私は、言葉のアクセントが同じもの縛りというルールを設けた。たとえばタレント→トレンド→ドラム→ムカゴ……こんな感じである。いまいちピンとこないという方は、ぜひ実際に声に出して連続で言ってみてほしい。なんとなくのニュアンスはわかっていただけると思う。

そんなわけで私の一人しりとりが始まった。スタートの言葉は「広島」である。広島→曼荼羅→ランバダ→団子屋→ヤンママ→マラカス→寸劇→金八→ちんかめ→面取り→リゾット……え、リゾット？　リゾットってどんなアクセントだったたっけ？　という具合に、進めるうちにどんどんわけがわからなくなっていった。これがなかなか面白くて、予想以上にしりとりは盛り上がった。もちろん一人で。

すると自分でも無意識のうちに「あちゃー」とかなんとか小さな声が出てしまっていた

ようで、隣の席に座っていたパリピ風の男性から舌打ちをされてしまった。私はすみませんと謝りながらも、頭の中はアクセントのことでいっぱいだった。

そしてすぐに、よし、次は「パリピ」からしりとりを始めようと思ったのだが、パリピ→ピンドン（ピンクのドンペリ）という超アゲアゲエンドルートしかどう頑張っても思いつかず、泣く泣くしりとりは諦めることにした。

しかし、しりとりというのを気にしなければ、パリピと同じアクセントの言葉はたくさんあるような気がしたので、そっちを考えてみることにした。マリモ、つくね、毛虫、めざし、けじめ、ミスド……しりとりでだいぶ鍛えられたようで、どんどん言葉が浮かんできた。不思議なことにこうやって並べると、なぜかパリピのイメージとはほど遠い言葉ばかりである。

そんな感じで他にもないだろうかと考えているうちに、私はいつの間にか眠りについていた。

あっという間に数時間が経ち、新幹線は品川に到着した。そこからJRを乗り継いだりして、間もなく私は自分の最寄り駅に着いた。牡蠣のオイル漬けに合うお酒でも買って帰ろうとコンビニに立ち寄ったのだが、レジに並んでいる最中に現金を持っていないことが発覚した。

しかし今は便利な時代である。現金がなくてもさまざまな支払い方法を選択できる。そして私はお会計の際、いつもの調子で、

「あ、パスモで」

と店員さんに言った……つもりだった。

しかしその時私の口から出た「パスモ」のアクセントは、完全に「パリピ」と同じになっていた。新幹線の中でやっていた一人遊びが、どうやら知らない間に染み付いてしまっていたようである。

またしてもぜひ実際に声に出してみていただきたいのだが、その言い方で「あ、パスモで」と言うと、本当にパリピ風の喋り方になるのである。

とはいえ言い直すのもなんだか変な感じがしたので、そのままドヤ顔でなんとか押し切った。今思い返すとめちゃくちゃ恥ずかしい。

そんなわけで私は逃げるように家に帰り、牡蠣のオイル漬けをつまみに寂しく一人パーティーをしたのだった。ちなみにお酒はシャンパンでもピンドンでもなく、発泡酒でした。

ガノフ柴田

小学校3年生の時、同じクラスに柴田くんという男の子がいた。柴田くんは見た目も普通、テストの点数も普通、運動神経も普通の、なんというかただの柴田くんだった。そんなただの柴田くんが突然ガノフ柴田になったのは、ある秋の日のことだった。

私の通っていた小学校では、毎年紅葉が始まる頃に校外学習の授業があった。時間割通りの毎日を送っていることに特別退屈していたわけでもなかったが、やはり教室の外にクラス全員で出かけるというのは、浮き足立つものがあった。

いつもはランドセルを背負っているそれぞれの背中に、さまざまな色のリュックサックが背負われている。私はそれを眺めるのが好きだった。

普段はあまり喋らないあの子、意外とがっつりキャラクターものを選ぶんだなとか、クラスでサッカーが一番上手くていつもキラキラしているあいつ、ジャイアンツのキーホルダーをたくさんぶら下げているけど、本当は野球がやりたいのかなとか。みんなの持ち物から勝手にいろんなことを想像しては、ニヤニヤしていた。

3年生の校外学習は、科学館だった。いくつかの班に分かれて見学を終えたあと、そのメンバーで外の広場でお弁当を食べるというのが決まりだった。

班のメンバーは、先週のホームルームでくじ引きで決めた。私のところは、学級委員の明子ちゃんと、後出しジャンケンが異常に上手いことで有名な中嶋くんと、ただの柴田くんとの4人だった。何をしたわけでもないのにお腹がペコペコだった私たちは、芝生の上に座ると、誰からともなくリュックサックからお弁当を取り出した。

明子ちゃんは、リュックサックもお弁当包みも、上品なチェック柄のもので揃えていた。真っ赤の小さな二段弁当の中身は、いわゆる理想のお弁当という感じだった。白いご飯、たらこのふりかけ、タコさんウィンナー、ハート形の卵焼き、ブロッコリーの上には星型に切り抜かれたチーズ、そしてウサギのりんご。大事に大事にきちんと育てられているのが伝わってくる、ザ・優等生という感じだった。

中嶋くんは、お兄さんからのおさがりだというプーマのリュックサックと、これまたおさがりだという、なんとかレンジャーのお弁当箱だった。よく見るとすべてのものに名前が書かれていて、どれもお兄さんの名前の上に大きくバッテンがしてあった。そしてその隣に、絶対にマッキーの太い方で書いたであろう中嶋くんの名前があった。力を入れすぎてインクが滲んじゃっている感じが、負けず嫌いの中嶋くんらしいなと思った。

もしかして後出しジャンケンが異常に上手いのも、家でお兄さんとお菓子の奪い合いになった時に、なんとか勝つためにいろいろと研究した努力の結晶なのかもしれない。そう思うと、私は急に中嶋くんを応援したくなった。おう、たんと食え、たんと食え。今日はお兄さんに奪われることもないから、ゆっくり食べても大丈夫だぞ。そんなことを思いながら、シンプルな焼きそば弁当にがっつく中嶋くんを見ていた。

でもよく見ていると、ちゃっかりしっかり、キャベツの芯だけはよけて食べていた。ガサツで何も考えていないように見えて、意外とそうでもない。おい中嶋、そういうとこだぞ。

ちなみに私は、リュックサックもお弁当箱も、クマのプーさんだった。遠足セットとしてイオンで売られていたものである。いつもはキャラクターものなんてどうせ飽きるからダメという母が、「プーさんならいいよ、プーさんは別腹」という謎の理論で買ってくれたのだった。

お弁当箱を開けると、中身は予想通りの茶色いものたちだった。昨日の残り物の炊き込みご飯、ぶり大根にきんぴらごぼう、インゲンのゴマみそあえ。見事なアースカラーである。なのに、端っこにはパイナップルと苺が入っていた。理由は聞いていないが、母のことだから大体想像はできる。

「なんかほら、プーさんぽいでしょ」

絶対これである。ありがたいのだが、その日はぶり大根の汁がプーさんのところまで流れてきていたので、結構キツかった。食べたけど。

柴田くんはというと、GAPの普通のリュックサックの中から、なんかまあとにかく普通の巾着袋を取り出して、サランラップで包まれたおにぎりを食べていた。やはり柴田くんは柴田くんだ。持ち物も、お弁当も、紛れもなくただの柴田くんだった。

でもそれには、不思議な安心感があった。今回の班のメンバーが決まった時も、柴田くんがいると知って私はとても安心した。明子ちゃんと中嶋くんのような水と油みたいな二人が揃っても、柴田くんさえいればなんとかなる、そんな気がしたのだ。そして実際、なんとかなっている。

みんなで科学館の感想を話しながらお弁当を食べていると、おにぎりを食べ終わった柴田くんが、おかずが入っていると思われるウルトラマンのタッパーを開けて、

「またか」

とため息交じりに呟いた。柴田くんがほんのちょっとでも感情を表に出すなんて、中嶋

くんがまともにじゃんけんをするくらい珍しいことである。

一体何が入っているというのだろうか。私と明子ちゃんと中嶋くんは、ウルトラマンのタッパーを覗き込んだ。するとそこには、ホワイトシチューのようなハッシュドビーフのような、見たことあるようなないような、でも確実に美味しそうな肉料理が入っていた。

「柴田くん、これ何？」

と私たちが聞くと、そのよくわからないものを食べながら、柴田くんはごく普通の顔で、

「ガノフだよ」

と言った。

はて、ガノフとは。聞いたこともない名前に、私と中嶋くん、そしてあの明子ちゃんまでもが、頭の上にはてなを浮かべていた。それでもなお柴田くんは普通の顔で、

「ビーフストロガノフ。ロシア料理かな。なんでか知らないけど、お母さんが好きみたいなんだよね」

と続けた。ビーフはわかった。ストロガノフとは何なのか。とりあえず強そうだ。おそらく料理の名前なのだろうが、人の名前っぽくもあるし、地名っぽくもある。あるいは、ストロング・ガノフという必殺技を省略したようにも聞こえる。

しかもロシアとは何事か。何回考えても、あの柴田くんの口から、そのガノフとやらが

普通に発せられたことへの衝撃と違和感が強すぎて、私たちは何も言えなくなってしまった。なんなんだ、その余裕は。なんなんだ、「またか」って。

「ゆで卵。卵をゆでたものかな。なんでか知らないけど、板東英二が好きみたいなんだよね」

くらい当たり前の感じで、ガノフを語った柴田くん。心なしか、ものすごいオーラがあるように見えた。もはやそこにいるのは、今までのただの柴田くんではなかった。ガノフ柴田だった。

その翌日から、柴田くんはクラスのみんなから尊敬の眼差しを注がれると共に、ガノフ柴田と呼ばれるようになった。柴田くんはストロガノフ家の末裔であることを隠すために、あえて普通のただの柴田くんを演じて、みんなに気を使ってくれていたなどという噂話も広まった。

そのたびに柴田くんは、

「そんなわけないよ、俺ただの柴田だよ」

と、決していい気になるでもなく、ムッとすることもなく、これまでと何も変わることなく受け流していた。その感じがなんだか逆に神々しく見えたのか、数ヶ月後のバレンタインデーの日、学年でチョコレートを女子に一番たくさんもらったのは、柴田くんだったらしい。

あの時のガノフの衝撃と、そのあとについたガノフ柴田というニックネーム、みんなの空気に飲み込まれ、私も気付けばなんとなくあいつはすごいやつだと思い込んでいた。でも、今ならわかる。柴田くんは、本当にすごいやつだった。

大人になった今でも、たった一つの些細な出来事や、環境や状況の変化によって、周りの人の態度が急激に変わることはたくさんある。その度に、なんとか自分は自分のままでいようとするのだが、時々つい流されてしまいそうになる。そんな時私は、いつも柴田くんのことを思い出す。

ただの柴田くんの時も、ガノフ柴田になってからも、柴田くんはいつだって柴田くんだった。常に普通の自分でいることは、意外と大変で、難しいことだ。それを小学校3年生で普通にやっていた柴田くんは、やっぱりすごいやつだ。

彼が今どこで何をしているのかは、風の噂でも聞いたことがない。でもきっと、柴田くんは普通に柴田くんだと思う。きっと今日もどこかで、ゆで卵でも食べるような顔をしながら、例のガノフでも食べているのだろう。

ちなみに私は、まだガノフを食べたことがない。普通に生きているけど、食べる機会がないのだ。それを小学校3年生で飽きるほど食べていた柴田くん、やはりただ者ではない。

ガノフ柴田、おそるべし。

※この話はフィクションです。ブログのネタが思いつきませんでした。すんません。

小説ごっこ

「夢の中を歩くようなおぼつかない足取りで窓辺へ向かうと、灰色の空が泣いていた。抱きしめてあげたいと思った私は、思わず両腕を伸ばした」

……とまあ、入りはこんな感じだろうか。いやあクサい、クサすぎる。でもやり過ぎくらいがちょうどいい。

私は雨が嫌いだ。洗濯物は干せないし、髪はうねるし、靴は汚れる。何をするにもスムーズに行かないことが多く、ついついイライラしてしまう。

最近、そんな日でも楽しむ方法はないかと考えた末に編み出したのが、この「小説ごっこ」である。雨の日は無駄にセンチメンタルな気分になるので、もってこいなのだ。

大した意味のない行動にも、さも意味ありげな文脈を頭の中で付け足して行く。そうして設定を作り上げて、浮かび上がってきた主人公になりきって一日を過ごすのだ。一度入り込めば、あとはこっちのものである。

「その時私は、もう立ってはいられないと思った。どこか狭い場所でうずくまっていないと、ひとりぼっちだという事実に押し潰されて、この身体が張り裂けてしまいそうだった」

こんなの突然トイレに行きたくなったというだけの話である。張り裂けそうなのはパンパンに張った自分の下っ腹の方だろう。

「この部屋はまだあの日の香りで溢れていて、時々鼻の奥がツンとする。こんな思い出、すぐに捨ててしまおうと思っていたはずなのに」

これは燃えるゴミを出し忘れただけの話。ツンとしたのは生ゴミの臭いだ。ちなみに冒頭のやつは、朝起きて伸びをしたというだけ。

馬鹿だなあと思いながらも、いつも気付けば夢中になっている。無意識に憂いをおびた表情を浮かべている自分がいたりして、思わず噴き出しそうになることもある。すると、イライラするのも馬鹿らしくなってくるのだ。

雨が嫌いだ、梅雨は毎年憂鬱だというそこのあなた。「小説ごっこ」、ぜひ一度お試しあれ。

父の話

父の話をしようと思う。

ブログはもちろん、ライブのＭＣやラジオ番組で、私はよく母の話をする。母は明るくて天真爛漫、お洒落で茶目っ気があって、まるで少女のような女性だ。泣いたり笑ったり怒ったり、母はいつも忙しい。だからこそとんでもないエピソードを生む天才でもある。母の無自覚な面白さとかわいらしさは、娘として25年間一緒に過ごした今でも、未だに飽きない。

それに対して、父はそういったタイプではない。男は背中で語るとでも言おうか、読書と山と卓球が好きで、たぶん同じくらい仕事も好きな人である。朝早くに家を出て、夜遅くに帰ってくる。どんなに忙しくても、家には絶対仕事を持ち込まない。休日には必ず家族をどこかに連れて行ってくれる、そんな人だ。

私は心の底から父を尊敬している。一人前の女性と言える年齢になった今でも、声を大にして言える。私は結婚するなら父みたいな人がいいと。

今でこそ両親へのこんな気持ちをこうして綴れるようになった私だが、反抗期が長く、相当な迷惑をかけてきた。

私の反抗期のあらゆる勝手な怒りの理由は、主に「あなたがそんなに正しいんですか」「私の何を知っているんですか」というところにあった。反抗期あるあると言えばそうなのかもしれないが、まったく理不尽な話である。そもそも、自分を客観的に見られないやつが言えるセリフではない。親の方がよっぽど子供の微妙な変化に気付いていたはずなのに、親の心子知らず、当時はそれが何につけても気に食わなかった。

母は、そんな私に全力でぶつかってくるタイプだった。感情論と感情論でぶつかり合うから、論点がどんどんずれて大混戦、長期冷戦になることもあった。私と母はよく似ていて、もう来るところまで来たらただの意地の張り合いで、お互い一歩も譲らないので、本当にどうしようもなくなるのだった。

そんな時にスッと現れるのが父だった。父は、決して私と母の戦いをただ遠くから眺めていたわけではない。二人まとめて相手にしてもらちが明かないとわかっているから、一人ずつ呼び出しては論点を整理して、お互いの悪いところを気付かせて、最終的には私と母がきちんと二人で解決できるように持って行ってくれた。

もちろんそれでも上手くいかない時には、父もさすがに「いい加減にしてくれよ！」となっていたが、そんな父を見ると私も母も、素直に「ごめんなさい」となるのだった。父はいつだってかっこよかった。決して弱味なんて見せなかったし、見つけようがなかった。

反抗期真っ盛りの高校何年生かのある日のこと、私は父に小さな嘘をついた。

親族が入院することになり、その日私はお見舞いに行く予定だったのだが、「どうせ死ぬわけじゃないんだし」とか、「ちょっとめんどくさいな」とかそういった理由で、お見舞いに行かなかったのだ。必ず行く、絶対に行くよ、と言って家を出たものの、横浜駅あたりで行きたくなくなって、適当に時間を潰して、そのまま家に帰った。

その日は休日で、帰ると父が家にいた。

「お見舞い行ったか？」

と聞かれたので、私は目も合わさずに、

「行ったよ、喜んでた。思ってたより元気そうだったよ」

などと嘘をついた。病院までの移動時間、滞在時間、そのすべてを計算して家に帰ってきたはずだった。絶対にバレないと思っていた。しかし些細なことから、そのハリボテの作り話はあっけなく崩壊したのである。

私は、何の気なしにその日書店で買った本のレシートをピアノの上に置いていた。父がそれをたまたま発見してしまったのだ。レシートには、本を購入した時刻が書いてあった。その時間にその本屋にいるということは、お見舞いにきちんと行っていたらありえないことだった。

「ちょっといいか」

父に呼び出された私は、父の寝室に向かった。いやな予感はしたが、まさかバレるはずがないと思っていたので、悪気のない顔で、

「何さ」

と言った。すると、

「わかってるだろ」

と言いながら、父はレシートを差し出した。それ以上の説明はいらなかった。

ああ終わった、と思った。もし相手が母だったら、適当なことを言いながら感情論の戦いに持ち込んで、話をずらしてごまかせたかもしれない。でも、相手は父だ。そんな小手先の戦い方したって、敵いっこない。私は半ばヤケクソになりながら、すべてを正直に話した。

本屋で時間を潰したこと、めんどくさいと思ってしまったこと、そしてそんなのみんな

絶対少しは思っているはずなのに、誰も口に出さないことへの違和感を感じていること。

今になって思えば、まさに10代の反抗期らしい感情である。怒られると思った。正しさを押し付けられると思った。

しかしそんな小娘の私に対して、父は声を荒げることもなく、静かに口を開いて、

「俺だってそんなにいいやつじゃないから、そう思ってしまうことも正直あるよ」

と言ったのだった。続けて、

「そう思うのも人間だし、そこでぐっとこらえて、たとえ形式に思えてもちゃんと行ってあげるのも、それもまた人間で、大人になるってことなんだよ。上手く言えないけど」

と言った。不器用に言葉を探りながら話すその様子は、はじめて見る父の姿だった。

「俺だってそんなにいいやつじゃない」と言い、娘にきちんと弱さを見せられる父の姿は、なんだかとても新鮮で、でも、かっこいいと思った。

プライドや正しさを取っ払った、それこそ上手く言えないけれど、父の人間の部分をはじめて見た気がした。私はその言葉を聞いて、なぜか安心するのやら何やらで涙が止まらなかった。

そしてそのあと、これまでついてきた小さな嘘や疑問に思っていることなんかを、何時間もかけて聞いてもらった。父は同じ目線になって話を聞いてくれたし、理解もしてくれ

たし、もちろんきちんと叱ってくれた。最高の父親だと思った。

そんな父とは、今では二人で飲みに行ったりもするような仲である。つい数日前も、ちょっとしたことで電話をしたのだが、結局一時間半くらい話し込んでしまった。私が思っている疑問や上手くいかないことを相談すると、「ああ、それか。わかるけど、それはね」と人間らしいアドバイスをくれるから、ついつい話しすぎてしまう。最近では、父の方からたまに相談してくれることもある。こんなに嬉しいことはない。

今月10月22日は、父の誕生日だ。気付けば50歳もとっくに超え、最近では糖質に気を使ったりと何やらいよいよ本格的に健康を意識し始めたようだが、何分真面目な人だから、もう少し気を抜いてもいいのにと思ったりもする。暇が合えば、その日だけはいろいろ忘れてもらって、また一緒にビールが飲みたい。

さすがに全裸は

今月から念願の生放送のラジオレギュラーが始まった。TOKYO FMにて夜8時〜放送の、『ねるまえのまえ』という新番組である（私は水、木曜日の担当）。

この番組のコンセプトをざっくり説明すると、今日のクヨクヨやクタクタを、毎日の寝る前の前の時間に、ラジオで一緒にととのえて行きましょうというものである。

そうは言ったものの、そもそもととのえるってなんぞや。これは私の解釈だが、ここで言う「ととのう」とは、必ずしも辞書的な意味ではなく、サウナや半身浴などをしたあとに、なんかこう、バラバラだった心と身体の位置がきちんと重なる感じがするって言う、あれのことなのだと思う。ほどよく力が抜けて、固くなった頭が柔らかくなって、なんかいい感じ、今日はよく眠れそうだ、みたいいな。番組を聞いたあとにそういう気持ちになってくれたら嬉しいなという気持ちが込められているのだろう。素敵。

しかし、ブログや他媒体でのエッセイやコラム、ライブのMCや私の曲をご存知の方ならこう思うだろう。だとしたら本当にこの番組のパーソナリティ、関取花で大丈夫なのか、と。私もそう思う。

とはいえこんな私だって、本当はととのえたいと前々から思っていたのだ。27歳を過ぎたあたりからは、心身共に健康でいることが最も幸せだということに気付き、そこからはもう、「ああ、ととのえたい、ととのえたい」って毎日言ってたね。最近何かしたいことある？　と聞かれても、「ととのえたいですね」しか言ってなかった。ミドルネームをつけるなら何にしたい？　と聞かれた時も、「セキトリ・トトノエ・ハナです」って答えた気がする。ごめんこれはさすがに嘘。でもととのえたいとは本当に思っていたのだ。

実際に行動に移したことだってある。少し前、どうも心と身体がバラバラに動いているような日々が続いていた時に、友人に銭湯を勧められたことがあった。「銭湯はいいよ、家の湯船もいいけど銭湯だと広いからもっと無になれる」と、まさにととのえるのに持ってこいだと言われたのだ。なるほどそれは素晴らしいと思った私は、早速近所のスーパー銭湯に出かけた。

そこのスーパー銭湯はご近所さん同士の憩いの場になっているらしく、リラックスしながらおしゃべりしているおばあちゃんがたくさんいて、とてもいい雰囲気だった。こういう友人が近所にいるってなんだか羨ましいなあと思いながら、私も端っこの方でゆったりとお湯に浸かっていた。

10〜15分ほど経った頃、若い女性が一人入ってきた。もしかしたら早速ととのえフレンドができるかもしれない。胸を躍らせながらふと彼女の方を見ると、目が合った。するとこちらの方へススッと近付いてきたのである。私はコンタクトレンズを外していてよく見えなかったのだが、たぶん知り合いなんだろうなと思ったその時だった。

「あのー、関取花さんですよね？　この前のワンマンライブ行きました！」

そう、まさかのファンの方だったのである。

ありがとう、ありがとう、本当にありがとう。だがしかしBut, I am 全裸。

私はステージ上と普段とであまり変わらないタイプの人間だとは思っているのだが、さすがにここまでオフ過ぎるというかさらけ出した状態となると、恥ずかしくてたまらなかった。せめてにごり湯とかならよかったのだが、澄んでたなあ、あのお湯。澄み切ってたわ。

とはいえ話しかけてくださったのはとても嬉しかったので、少し雑談したあと、お姉さんがお湯から出るまで耐えに耐えてから私も出ることにした。もうその頃には心も身体もふやけちゃって、よくわからない状態だったけど。

そんなわけで、ととのえようと思って出かけたスーパー銭湯デビューは、私らしいといえば私らしい、まったくととのわない結果となってしまった。しかし今となってはそれもよき思い出である。

現在は引っ越してしまいそのスーパー銭湯に行くこともないので、あのお姉さんとはそれ以降会っていないのだが、もしラジオを聞いてくれていたら嬉しいなあと思う。

ラジオを通してなら、何も恥ずかしいことなどない。全裸でもバレないし。いや、ちゃんと服着て放送しますけどね。

何もない11月

11月が好きだ。1年の中で唯一街が普通に戻る感じがするからである。思い返してみれば、私たちの生活は毎月のように何かしらのイベント事に追われている。

1月は年明けムードを引きずったまま風のように過ぎて行き、気付けば2月になっている。休む間もなく街はバレンタインデー一色になり、軽くホワイトデーの空気もありつつ、3月は卒業シーズンなので基本的にはそのことで持ち切りとなる。

そしてすぐに4月がやってきて新生活でバタバタして、少し疲れた頃に5月、ゴールデンウイークがやってくる。ちょっと息抜きできたかなと思ったら6月になり梅雨に突入し、天気に振り回される毎日。

7月、8月はとにかく夏、夏、夏。1年で一番派手な季節だ。やがて9月に突入したかと思えば、あっという間に街は秋色に染まる。コンビニやスーパーに並ぶ商品も、化粧品や洋服の新作たちの色味も、ガラッと変わる。そんなことに心を奪われているうちに10月になり、街中で流れる音楽や店のディスプレーは一気にハロウィーン仕様になる。

この通り、ざっと書き出しただけでもこれだけあった。そりゃあなんとなく息もつまるわけである。

何かが終わればまたやってきてを繰り返す日々の中、目の前のことをこなすことに精いっぱいだ。街も人々も常に何かしらのスイッチを入れて動いている。そしてぼんやりする暇もないまま、気付けばなんでもない時の自分の姿を忘れて行くのだ。

そんな中、11月はおそらく唯一何もない月である。特筆すべきイベント事もないし、気候も過ごしやすく何のストレスもない。そのおかげで束の間ではあるが、11月の街は本来の姿を取り戻す。そしてそれを眺めていると、私はなんだか妙に安心してしまう。

私たちを急かすこともなく寄り添い過ぎることもなく、「たまにはそのままでいいんだよ」と言ってくれている気がするのだ。

ありがとう、ラジオ

約1年間パーソナリティを務めさせていただいていた番組が二つ、今月末で放送終了となった。

一つは、FM yokohama『帰ってきたどすこいラジオ』という番組である。これは、以前同局で放送していた『どすこいラジオ』という番組が月日を経て奇跡的に復活したもので、大枠は変えずに、コーナーなどをプチリニューアルして放送してきた。

毎週月曜日の深夜24時からの放送ということもあり、また長い1週間が始まってしまったと少し憂鬱な気分になるこの時間帯を、どうにか楽しいものにできないかと、とにかくなんでも笑い話にして話そうと決めていた。

日頃の自分のどうしようもない失敗談や、また食べてしまった深夜飯の話などを聞いて、一人でも多くの人が「本当にダメなやつだな」と思いながら笑ってくれたら本望だと思った。

ミュージシャンというのは、音楽性はもちろんのこと、思想やファッションなども含め、本来憧れられるべき存在なのかもしれない。それで言うと、ラジオで話していた話を聞いて私に憧れる人なんていないと思う。

冷凍チャーハンを冷凍のまま食べた女に憧れる人がどこにいるだろうか。白米にラードをワンバウンドさせて、そこに醤油を垂らしたものを深夜にかきこんだ女に憧れる人がどこにいるだろうか。好きだった人から三国志のＬＩＮＥスタンプしか返って来なくなった女に憧れる人がどこにいるだろうか。あらためて思い返すと、どうしようもないエピソードばかりである。

しかしそんな話ばかりしていたおかげなのか、なんだこいつと思ってくれたのか、物好きが多かったのか、ラジオきっかけでライブに来てくれる人がこの1年ですごく増えた。そしてたくさんの人が、「めっちゃあの話わかります」とか、「私もこういうことやっちゃうんです」とか、気さくに話しかけてくれた。

私はそれが本当に嬉しくて、憧れられるミュージシャンもいいけれど、なんかこいつ自分に似てるな、と思われるようなやつがいてもいいのかもしれない、と思えるようになった。この番組のおかげで、自分のことを少しだけ好きになることができた。

もう一つはi-dioというメディアで放送してきた『TS ONE MUSIC ARROWS 水曜日の土俵際』という番組である。こちらでは『帰ってきたどすこいラジオ』ではあえて話さないでいた、真面目に音楽の話をするコーナーを毎回必ず設けることにしていた。ちなみにその他のコーナーでは、例によって基本的にはどうしようもない話をしていた。

i-dioはスマートフォンのアプリで聴けるラジオのようなものなのだが、音質がとても良い。なので、普段自分がレコードで聴くような曲やライブで聴いて感動した曲、影響を受けた曲などを率先して紹介した。放送を聞ける時はなるべく自分でも聞いていたのだが、このコーナーでの自分はお酒に酔って少し饒舌になっている時みたいで、ちょっとウザいけど、割と好きだった。

クソ真面目にこの人の何がすごいだの、この曲のBメロのどこがやばいだの、熱苦しいくらい嬉しそうに話す自分は、青春時代、夢中になっているものについて友人と語り合っていたあの頃のようだった。自分はやはり音楽が大好きなんだということをあらためて実感することができた。

そんな私だが、『帰ってきたどすこいラジオ』の前身番組である『どすこいラジオ』を始めた時は、あまりライブなどで喋る方ではなかった。

どちらかというと、はじめに自己紹介をしたらただライブをして、最後に告知だけして終わるようなタイプだった。とにかく今よりも暗かったし、誰にも自分のことなんてわかりっこないと思っていた。わかる人にだけわかればいい、そう思っていた。

しかし、それではなかなか思うようにいかないのは当たり前である。やがていつの間にか勝手にストレスを溜めていたのか、ある時から徐々に声が上手に出せなくなっていった。明確な原因は自分でもよくわからない。声のイップスみたいなものだったのだと思う。耳鼻咽喉科に行っても、わざわざ電車を乗り継いで専門医に声帯を見てもらっても、どこに行っても言われることは「異常なし」。それなのに、日に日に歌の音程は取れなくなっていった。ライブをするのがとても怖くて、出番直前にやりたくないと泣いたこともあった。

そんな時にたまたま、ラジオの話があった。もう何をやっても八方塞がりのような状態だったので、藁にもすがる思いでとにかくやってみることにした。ディレクターさんに一つ一つ教わりながらガチガチで録った初回のことは、よく覚えている。あとから放送を聞いてみたら、自分の話し声の暗さに驚いた。どんなに明るく話そうとしても、とにかく暗い。こんなやつの話や歌、誰も聞きたくないぞと思った。

そこからは、歌が上手に歌えないならせめて話だけでも、このラジオだけでも頑張ろうと思うようになった。何か面白そうな話題はないかと日課のように探すようになり、毎日が少し楽しくなった。ライブでも、今日は声が震えて歌が思うように歌えそうにないなと思う日には、曲数を減らして、その分ＭＣを増やすことにした。どんなに気分が重いライブの日でも、思い切って「そういえば全然関係ないけどちょっと聞いてくださいよ、この前ね」と話し出してみることにした。

どうしようもない話でも、その場にいる人が笑ってくれて空気が和むのを感じると、ホッとした。すると、そのＭＣの次にやる曲は割といい感じで歌えることに気付いた。そうやって少しずつ自分との付き合い方を知って、私はまたライブが好きになっていった。しばらくして『どすこいラジオ』は終了したが、すっかりラジオの虜になってしまった私は、ライブのＭＣもラジオ感覚で話すようになった。喋りすぎて退館時間ギリギリになることもあった。

そんなことをしているうちに、いつかまた自分の番組をやりたいという思いはどんどん強くなっていった。今だったらあの頃よりもう少しいい番組にできるかもしれないと思った。するとありがたいことに、またラジオをやらないかという話があり、『帰ってきたどすこいラジオ』が始まったのである。

ある時（はじめての出演はいつだったかちょっと記憶が曖昧なのだが）、FM yokohama

仲間ということで、wacciの橋口洋平さんがパーソナリティを務める『YOKOHAMA RADIO APARTMENT　橋口洋平（wacci）のドア開けてます！』という番組にゲスト出演させていただくことになった。今でこそライブでご一緒させていただいたり人生相談までさせていただいたりと、自分にとってお兄ちゃんのような存在の橋口さんと知り合えたのも、ラジオのおかげである。

はじめて番組にお邪魔した時から本当に楽しくて、ブース内にいる私たちはもちろん、ブース外にいるディレクターさんも手を叩いて笑いながら聞いてくれていた。

それから何度もゲストとして呼んでいただき、その度に涙が出るほど爆笑して、そのあとにはきちんと音楽の話もして、毎回帰りたくないくらいだった。「何かあったらいつでも呼んでくださいね」と冗談でいつもそのディレクターさんに話していた。

そしてしばらく経ったある日、何を隠そうこの橋口さんの番組のディレクターさんが、「ちょっと、その何かなんだけどさ」と、i-dioでのパーソナリティをやってみないかと話を持ってきてくれたのである。

そんなこんなで、本当にいろんなきっかけや人々に救われながら、この1年間、私は二つの番組をやらせていただいた。星の数ほどいるミュージシャンの中で、自分のようなまだまだこれからの人間が二つも番組をやらせていただくなんて、本当に奇跡みたいな話だと思う。

数字的に言えば、きっともっと有名な人がやった方がよかったのだと思う。でも、終了してしまった今だからこそ言えるのかもしれないが、胸を張って、どちらも本当にいい番組だったと言える。もちろん、もっとあんなことをしてみればよかったとか、願わくば生放送だったらとか、考え始めたらキリはない。でも、それはまたいつかの楽しみにとっておこうと思う。

正直今は、スケジュール帳に収録予定がないのを見ると、胸にぽっかり穴が空いたような気持ちになる。どれほどそれが自分にとって大事な物だったかというのは、失った時はじめて気付くとよく言うが、まさにその通りである。

もしいつかまた自分の番組をやらせていただくことがあれば、その時はもっとたくさんの人に聞いてもらえるような人間になっていないとな、と思う。そのために今は、いっぱい曲を作って、いっぱいライブをして、成長して行かねばならない。お酒ばっかり飲んでいる暇はないぞ、自分よ。あと、いつでも喋れるように面白いこと探しも忘れずに。

最後になりましたが、『帰ってきたどすこいラジオ』と『水曜日の土俵際』両番組のディレクターさん、その他のスタッフの方々、そして何より聞いてくださっていたリスナーのみなさん、1年間本当にありがとうございました。とりあえず今度はライブで会いましょう。

ご近所付き合いはじめました

ここ2ヶ月ほどだろうか。私の生活にちょっとした変化があった。あるおじいさんと毎日挨拶をするようになったのである。そのおじいさんは私の住むマンションの目の前の家に住んでいる。以前から毎日のように見かけてはいたのだが、どうも気難しそうな人に見えたので特に話しかけたりすることもなく、ただただ横を通り過ぎるだけだった。

そんなおじいさんとなぜ急に挨拶をするようになったのかというと、あれは友人と遅くまで飲んでいた日の帰り、たしか午前2時くらいだったと思う。おそらくコンビニへ買い物に行く途中だったのであろうおじいさんと、道でばったり出くわした時のことである。

私はまさかこの時間に人が出歩いているとは、ましてやあのおじいさんとすれ違うなどとは思ってもいなかったので、ほろ酔いだったのとびっくりしすぎたのとで、反射的に謎

の防衛本能が働き、

「こんばんは！」

と声をかけてしまった。すると、思っていたよりもはるかに柔らかい声で、

「こんばんは」

と返事が返ってきた。

正直、挨拶などしたところで返ってこない、もしくは「まったくこんな時間にチャラチャラほっつき歩いてるんじゃないよ」と説教でもされそうなイメージだったので、いい意味でそのギャップにかなり驚いた。そしてその次の日から、せっかくだから私はおじいさんに会ったら挨拶をすることにしたのである。

何度か挨拶をしているうちに、おじいさんの挨拶に微妙な変化が現れた。いつもは基本的に「こんばんは」と声をかければ「こんばんは」と返ってくるだけなのだが、私がギターを背負っている時だけ、「こんばんは、今日もごくろうさま」と言ってくれるようになったのだ。なんてことない一言かもしれないが、おじいさんなりに私のことを気にかけてくれているのだと思うと、嬉しかった。

そして先日、私はついにはじめておじいさんと小さな会話をした。ボソボソの服装でタイヤの空気が抜けまくった自転車を家の前の駐輪場に停めようとしていたら、

「もうそれかなりタイヤがペコペコだね」

と話しかけてきてくれたのである。

「そうなんです。もうかれこれ10年以上乗っちゃってるんで、いっそ買い替えちゃおうか今ちょっと迷ってます」

と言うと、

「そうかい？　まだ乗れるように見えるけどなあ」

とおじいさんは言った。

そのあとも最近の天気の話など少しやりとりをして、「それじゃあまた」とお互いペコリと頭を下げて家に戻った。それ以上でもそれ以下でもない会話だが、私にとってはすごくありがたい、なんだかホッとする時間だった。こういった当たり前の日常会話というのは、決して意識してできるものではない。

私には幸い気の合う友人もいるし、悩み事を聞いてくれる先輩なんかもいる。でもそれがどんなに気を許して信頼している相手だとしても、人と会う時には多少なりとも何かしらのスイッチを自然と入れているものである。そこでしか得られないものはたくさんあるが、気付かないうちに消費してしまっているものもあったりする。

それで言うとおじいさんと挨拶をしたり話をしたりする時は、どうせ誰も見ていないからいいや、という見た目も中身も完全にスイッチがオフの状態の自分である。その状態で何の目的もなくする会話というのは、また違う安心感があるのだ。ひょっとしたら、実家にいる時のそれに近いのかもしれない。

それからも何度か道ですれ違ったりしているが、挨拶はするけど会話はしたりしなかったりといった感じである。味を占めたように毎回会話に持ち込むのも野暮な気がするし、なんとなくこれくらいの距離感が今は心地良いと個人的には思っている。とはいえ今までこういった経験をしてこなかったので、正解なのかはわからないが。

この街に住み始めてから約1年、一人暮らしを始めてからは約6年。もしかしたらこれがはじめてのご近所付き合いかもしれない。

コロコロの
めくるとこ
探すの
本当苦手
キレそう

最近ずっと気付いたら
一緒だね、むくみちゃん。
うん。

むくみちゃん

同じ過ちをくり返して
いるのではない、
反復運動を
しているのだ。
痩せそうだから。

私はプチセレブ

新譜をリリースするに伴い、レコーディングやらその他の制作まわりでここ最近は忙しい日々が続いている。やることがたくさんあるのは本当にありがたいことなのだが、毎日何かしらに追われていると、たまにはご褒美が欲しいなと思ったりもする。かと言って何が欲しいというわけでもない。ただ少しだけ贅沢ができればそれでいい。

そこで最近私がハマっているのが、プチセレブごっこである。家にあるものをいつもより少しだけ贅沢に使って、自分へのプチご褒美とするのだ。これが思いのほか心が満たされていい感じなのである。

もしかしたらやったことのある方もいらっしゃるかもしれないが、ベタなところで言うと、「さけるチーズを裂かずに食べる」である。スーパーやコンビニなどでどこでも買えるからお手頃なイメージのあるさけるチーズだが、冷静になって考えてみると、あの量に対してあの値段は決して安いというわけではない気がする。だから普段私は、できる限り細かく裂きながら時間をかけて食べている。

しかし、プチセレブごっこ中の私は違う。そんなさけるチーズをそのままいただくのだ。私的にこれは「トリュフを削らずにそのまま食べる」のと大差ない贅沢だと思っている。まあトリュフ食べたことないからどんなもんか知らないですけど。

他にもある。ダブルのトイレットペーパーをいつもより一巻き分多く取って使うとか、お湯張りの高さをいつもより数センチ高くするとか、ゆで卵をクレイジーソルトで食べるとか。ちなみに個人的にお気に入りなのは、「鼻セレブで鼻をかまない」である。

私は乾燥肌なので、冬場は普通のティッシュで鼻をかむとすぐに皮が剝けてきてしまう。だから冬場鼻をかむ時のみ鼻セレブを使っているのだが、それを鼻以外の用途で使うのである。なんという贅沢。

普段だったらカサカサの安いティッシュに集める食べこぼしを、鼻セレブの上に集めるのだ。そのあとはもちろん捨てるだけである。食べこぼしのためだけに鼻セレブを使うなんてとはじめは若干躊躇したが、いざやってみると贅沢感がすごかった。心なしか鼻セレブの上に乗った彼らも嬉しそうな顔をしていた気がする。

このように、手軽に贅沢気分を味わえるプチセレブごっこは、日々の自分へのご褒美にちょうどいいのである。

しかしここで重要なのは、あくまでもプチであるということだ。私はプチセレブごっこをするなら一日一回までと決めている。これ以上やると身の丈に合わなくなってきて、贅沢感に加えて罪悪感が生まれてきてしまう。そうなるとなんだか気持ちのいいご褒美にならないのである。

それにしてもそんな小さなことで本当に満足できるのか？　と思う方もいらっしゃるかもしれない。違う。そんなことだからいいのだ。こんな些細なことで喜べる自分が、いつか本当に贅沢なご褒美にありつけた時のことを想像すると、ワクワクするではないか。

そのために今はプチセレブごっこで我慢して、明日からまた頑張ろうと思えばいいのである。そのためのプチなのである。

日々それぞれの目標に向かってお仕事やお勉強を頑張っているみなさんも、自分へのちょっとしたご褒美に、プチセレブごっこをやってみてはいかがだろうか。結構楽しいですよ。

歌のかけら

たまには真面目に音楽の話でも書こうかと思ったのだが、パソコンの前に座って考えること約2時間、どうにもこうにも筆が進まなかった。

最近の私はといえば、こと音楽の話となるといつもこうである。それは曲作りにしてもそうだ。途端に構えてしまい、頭でっかちになる。ならばそんな現状をこの場を借りて赤裸々に語ってみようと思った。

私は普段エッセイやブログを書く時はかなりこまめに、一行一行推敲しながら前に進む。みんなが少しでも読みやすいように、そのことを頭に置きながら、ある程度出口の見当をつけてから取り掛かる。しかし、今回はまったく出口が見えない状態から書き始めてみた。

つまりこれはいつもの真逆だ。ここにはいつものサービス精神はない。でも意地も見栄もない。これはしがないミュージシャンの長い長い独り言であり、備忘録である。

歌詞が書けないのである。まあ書けない。病的に書けない。

本当なら先々月中には次に出すアルバムの曲が決まっていなければならなかったのに、まだ一曲も決まっていない。書いていないわけではない。デモは出している。でも自信作は一つもない。自分でもわかる、こんなの世の中に出すくらいなら音楽やめた方がいいなあと思う。

そもそも私は多作派ではない。10代の頃から、新譜を出すたびに常にストックがない状態である。デモの段階で、圧倒的に自分が心惹かれるものとそうではないものがある。心惹かれるものは形になり、そうでなかったものは完成しても結局自分の作品だと胸を張って聴かせられるようになる日は大抵来ない。もちろん、例外もたまにあるけど。

メロディはいくらでもできる。たくさんある。心惹かれるメロディ、景色が浮かんでいるメロディ、鳴っている楽器、ライブの様子まで見えるメロディ。

そう、いつだって問題は歌詞なのだ。物語の主人公が動き出しさえすれば、そこからは早いのに。一日に何曲だって書ける日もあるのに。どんな小さなかけらだって物語のきっかけにできるのに。

だから私は、時間さえあればかけらを探しに行った。朝は家事をして、昼に散歩をしたり本を読んだり映画を見たりして、それなりに何かしらを吸収して、メモをとったり歌詞の断片を書いてみたりして、割とホクホクとした気持ちで家に帰った。紙とペンを手に取って、あとはもう、さっき拾ってきたかけらから主人公を想像して動かすだけ。

うーん、うーん。私は頭をひねった。でも何も出てこなかった。いや焦るな、大丈夫だ。今はその時じゃないだけだ。私は自分の背中をさすった。

そんなことを繰り返していたらあっという間に時は過ぎ、気付けば半年経っていた。それっぽい曲はそれなりに出来ていたが、何の思い入れも感情も湧かないものばかりだった。

本人がそう思うだけで、聴かせてみたら案外周りの人たちはそうでもないかもよと優しいあなたは言うだろう。

聴かせたさ、ダメだったさ、そりゃそうだ。何がダメなのか感じているポイントも私とまったく同じだった。

でもむしろホッとした。「これでもとりあえずいいよ、大丈夫バレないよ」という考えの人が自分のチームにはいないことは、心底ありがたい環境だと思った。だからこの人たちを心の底から驚かせて、喜ばせたいと思った。

やる気は過去一あるのだ。何がダメなのかもわかっているのだ。頭では理解できているのだ。なのになぜだ、なぜここから一歩も動けない？

もどかしさと悔しさと虚しさと雨の憂鬱さで、日に日に心は石像のように固くなり、浮かんでいたはずの景色は湿気の多い部屋で保管したレコードのようにどんどん歪み、しまいには今まで何かに感動していたのはすべて自分の演技だったのではないかとさえ思い始めた。

何がいけない、何がいけない、私は原因を探り始めた。わからないけど何かはしなきゃいけないから、まず生活を少しだけ変えてみようと思った。

朝一でまず家事、ではなく紙とペンを持って、夜に散歩にしてみようか。そしたら見えなかった景色が見えてくるかもしれない。真っ暗闇の中だから見えてくることもあるかもしれない。それはたとえば蛍光灯に群がる蛾、冷えたコンクリートの匂い、道端に落ちているビールの空き缶。あるぞあるぞ、今まで拾えていなかったかけらがたくさんある。よし、もうすぐ、もうすぐだ。

うーん、うーん。また私は頭をひねった。でもやっぱりダメだった。いや泣くな、大丈夫だ。きっと新鮮過ぎて心がびっくりしただけだ。私は自分に言い聞かせた。

そう、もうすぐなはずなのだ。どんよりした真っ黒い雲は、やがてやってくる美しい朝の引き立て役でしかない。たった一箇所の風穴さえ見つかれば、ほんの小さな小鳥の鳴き声さえ聞こえれば、メロディの上を彼が走り出してくれるはずなのだ。青いシャツを着た少年が、犬を連れて。

そう、そこまでは見える、見えているのだ。動くまでもう一歩、もうひと押し。ほらもうすぐだ。もうすぐなのに、なんで出てこない？

考えろ、想像しろ。周りには何が見える？　どこへ向かっている？　そこには何がある？　この物語のオチは？　教訓は？　勝算は？　一つ一つの質問に順番に答えていけばいいだけだ。簡単なことじゃないか、さあ答えるんだ。

私は頭を熱暴走寸前までフル回転させながら真剣に考えた。でも、考えれば考えるほどわからなくなった。そうやって無意識のうちに私はどんどん壁に追い詰めていたのだ。自分自身と、物語の主人公を。

主人公が見えたら、じゃあそのあとに必要なのは背景だ。景色さえ浮かべばあとは早い。歌詞の世界観、状況の設定がしやすくなる。そこまでいけば、主人公もそれに見合った動きをし始めるはず。

でもそれがよくなかった。もっともっと自由に、彼の好きなようにさせてやらないとダメじゃないか。遠回りでも、無駄な時間でも、主人公をもっとちゃんと愛してやらなきゃ愛着の湧く曲なんてできないに決まっている。

彼は本当にその都会の街に住みたいと思っているか？　叶わない恋はしているか？　タ

バコは吸うか？　答えがノーだとしたら？　私がそこで彼を動かすために無理やりつけた都合のいい景色は、彼の望んでいる居場所じゃなかったとしたら？　私は彼のことを何も知ろうとしていなかった。だから何もわかるはずがなかった。私はたった今、これを書きながらそれがわかったのだ。

音楽を始めて約10年、己に酔い、勝手に絶望し、知らない間にそこから取り急ぎ抜け出すための方法論ばかりを覚えてしまっていた。そんな奴がいい歌を書けるはずがない。もう、この際だから公の場で説教しておこう。

あんたはいつもすぐに答えにたどり着こうとしすぎなんだ。手っ取り早いリアクションを物語の主人公にも求めるな。楽しようとするな、オチばかり探すな。あんたはそんなに巧くない。自惚れるな、聞いているか。あんたのことだよ関取花。

彼の話に戻ろう。私の頭の中に浮かんでいる、犬を連れた青いシャツの少年。今あるのはその姿だけだ。目を閉じよう、かけらを拾おう。

ハリボーグミなら透明の味が好き。筆箱の中は鉛筆削りのカスを捨てないから真っ黒。ペン回しの練習ばっかりしていて指にタコができた。好きな音楽は特になし。恐竜は好き。でも詳しいわけではない。貯金箱はあるかい？　ある気もするけどない気もする。でもたっぷりは入っていないと思う。靴下はたたまずに丸めるタイプ。スノーマンは好き。でも雪はめんどくさいから嫌い。寒いし。電車よりバスが好き、バスに乗るなら運転手さんの斜めうしろの一人座りの一番前の席。鼻くそをほじって食べたことがある。でも鼻毛が混ざっているのを一回見てからは食欲が失せてやめた。エロ本にはまだ出会っていない。初恋もたぶんまだ。

ほら見えてきた、まずは年齢が見えてきた。小学校低学年だ。背はあまり高くない。友達は赤いTシャツを着ている。たぶん国籍は違う。肌の色も少し違うね。少しのんびりしてどんくさいタイプの子だ。でも大の仲良しだ。彼といると優しい気持ちになれる。花の色は鮮やかだということに、雲の形は毎日変わるということに、赤信号を待つ時間もそんなに悪くないということに気付く。犬のチャーリーは茶色い。短毛よりは長毛、耳は垂れている。でもダックスフントじゃないよ。チャーリーも友達のことが大好きだ。他の人には吠えるけど、彼には吠えない。

ほらまた見えてきた。たぶん彼らは派手なグループにいるタイプではない。でも毎日楽しい。ゲームがなくてもかっこいいスニーカーはなくても楽しいことを見つけられる。ずっと彼らが仲良しならいいな。ずっと雲の形を見ながら話をしていてほしいな、おじいちゃんになっても。チャーリーは先に死んじゃうかな。チャーリーの形の雲を彼らはいつか見るだろうか。それを見て流す涙は透明のハリボーグミの形かも。懐かしいね、でもこれは甘くなくてしょっぱいねって笑うかもしれない。

ああ、二人が愛しくて愛しくて涙が出てきた。二人の歌が書けそうだ、でも愛しすぎて書けないかもしれない。それならそれでいい。

私の心臓の血管を、小さな機関車が走り出した。窓の外には青いシャツの少年と、その友達と、茶色い犬のチャーリー。今日はここで停まって彼らを見よう。その先はわからない。行き先なし、時刻表なし、線路なし。でもそれでいいのだ。

ああ何をこいつはと思う人もいるだろうけれど、今私は本気で心の底から生きていてよかったと思っている。たった今の感情だ。

こういう気持ちになれるから音楽が大好きなのだ。己の才能のなさや、無駄な自意識や、圧倒的な輝きを放つバケモノみたいな人たちに気おされて、本気でやめたいと思うこともあるけれど、時々、ほんの時々、自分が愛しくてたまらないと感じたものを歌にできる時がある。

その一瞬のためなら本気で頑張れる。私はその一瞬の希望を半年ぶりに見たのだ。まさにこの原稿を書きながら。その一瞬をここに残せたことを誇りに思う。

そう、日常や思想やよくわからないガラクタからたくさんの小さなかけらを拾い集めて、今やっと、歌のかけらになったのだ。

メッセージが一件

ずっと聞かないままでいた留守番電話のメッセージがある。もう何ヶ月も前にかかってきた、知らない番号からの電話だ。

メッセージを残されたその日、気付いたときには着信から12時間ほど経ってしまっていたので、なんとなくもういいかと思って放って置いてしまったのである。そしてそのまま月日は流れ、約半年が経った。

先日昼にインストアライブがあって、そのあとは移動のみの日があった。ホテルに着いて、いつも通り本を読んだりラジオを聞いたりギターを弾いたりしていたのだが、いよいよやることがなくなってきた時、ふと思い立って留守番電話のメッセージを再生してみることにした。

これを再生するのは、今聞くべきだと思った時にする、とずっと決めていた。

特別な理由はない、ただ、少し期待していたのだ。もしかしたらドラマのようなロマンチックな出会いが、サスペンスのような展開が、あるいは漫画のような馬鹿げた物語がそこから始まる可能性が、無きにしも非ずだと。タイミングはいつだってよかった。それがたまたまその日だった。

メッセージは30秒ほど録音されていた。大事なことを話すにも、くだらない話をするのにも、どちらにも適した長さである。いずれにせよ、すべては話しきれない長さであることは間違いないと思った。聞いたあとでもっと知りたくなることが出てきたらどうしようと思うと、胸が少し躍った。

再生ボタンを押した。何も聞こえない。

10秒が経った。ガサゴソと音がする。

20秒が経った。相変わらず雑音が聞こえるだけ。

30秒が経った。切れた。

なんてことはない、なんの面白味もないただの間違い電話だった。間違ってかけてきた相手の声さえわからない、ただの雑音だった。それでも、十中八九そうだとわかっていながら、私はこの雑音を大事に半年間もあたためてきたのだ。

推理小説的な展開や、SF的な展開も考えていた。もしかしたらもしかして、このメッセージを聞いたら何か世界が回り出すんじゃないかと、本当に少しだけど、でも確実に期待していたのだ。

だけど、何もなかった。何もなかったけど、そんなくだらないことを想像している自分が、痛くもあり、おかしくもあり、でも案外悪くないな、と思った。

それはたとえば、道に落ちている片方だけの靴下、便所の落書き、落とし物の鍵。見つけた時に、事件の香りがすると未だに思ったりする。心の中でちょっとガッツポーズをしたりする。とっかかりはなんでもいいのだ、面白くなるなら。予感が欲しいのだ、当たらなくてもいいから。

先日、「傷つかないためにはあまり何かと期待しない方がいい」とある人に言われた。なんだかなあ、と妙にいやな気分になった。多少傷ついてもいいから、私はやっぱり期待していたいのである。

歌は好きだ、作るのも、歌うのも。だけど、歌が上手な人や楽器が上手な人、音楽に詳しい人は星の数ほどいる。そういう人たちに負けないためには、上手くなる努力をすることも、音楽を知ろうとすることも、いい歌を作るのもたぶん当たり前で、それ以上に何か、私にしかできないことをするしかない。だから私は私自身を全力で面白がっていたい。ちっぽけな自分に少しでも期待してやるために、今日も何かを見つけたい。

人生なんて壮大なネタ探しみたいなものだと思う。どんな今だって、最後は笑い話に変えればいい。

ガンバレ！どすこいちゃん

作・絵／関取花

あとがき

いつか自分の本が出せたらいいな、とずっと思っていました。いくつかの出版社の方からご連絡をいただいていたのですが、なかなかタイミングや方向性などが合わず、これも夢のままで終わるのかと思っていたそんなある日のことでした。ホームページの問い合わせに、こんなメールが届きました。

「初めてご連絡させていただきます。晶文社という出版社で編集をしています深井と申します。どうぞよろしくお願いします。今回、一緒に本を作れたらと思い、ご連絡させていただきました。（中略）一冊できたら、読者が毎日思わず開いてしまう、生活用品のようなエッセイ本ができると思います」

このメールを読んだ時、私の中で何かがストンと腑に落ちました。生活用品のようなエッセイ本。なんて素敵な言葉だろう。当たり前のように誰かの生活に寄り添える、なんだかそこにあるだけでホッとするような、そんな存在のもの。それは、私が作りたい音楽の形、なりたいミュージシャンの姿とも完璧に重なりました。

担当の深井さんは同世代で、ライブにも何度も遊びに来てくれました。ある日の終演後、深井さんとなぜか血圧の話になりお話していたら、私と同じ驚きの低血圧ということが発覚しました。血で分かち合えたとあればもう怖いものはありません。絶対にいい本が作れると確信しました（もちろんそれ以外にも理由はたくさんありますが）。

本文中の文章は、深井さんとご相談しながら、私のブログ、連載をさせていただいている神奈川新聞「木もれ日」、いきものがかりの水野良樹さん主催のメディア「HIROBA」での連載『はなさんさん』、その他いくつかの媒体で過去に執筆させていただいたものの中から抜粋し、加筆・修正を行いました。そして、本書のために三編を新たに書き下ろして構成しました。

あらためて、それぞれお世話になった方々に深くお礼を言いたいと思います。そしてお忙しい中たくさん手助けしてくださった晶文社のみなさん、深井さん、本当にありがとうございました。

何より、この本を読んでくださったみなさんには感謝の気持ちでいっぱいです。本当に自分の本が世に出て、名前も顔も知らない誰かが今もこうして読んでくださっていると思うと、未だになんだか夢みたいな気分です。
せっかくこうしてこの本を手にとってくださったのも何かのご縁だと思いますし、よかったらいつか関取花のライブにも遊びにいらしてください。『どすこいな日々』から生まれた話や歌、他にもまだまだあるんですよ。

関取花

またね！

初出

- ◆ 私は何の花？　「関取花のブログ」2019年4月15日
- ◆ 聞かれると困る質問　「関取花のブログ」2017年1月17日
- ◆ 角度を変えれば　HIROBA「はなさんさん」2019年5月29日
- ◆ そう簡単には変われない　神奈川新聞「木もれ日」2020年1月26日
- ◆ 東京美容院ライフ　書き下ろし
- ◆ ラーメンが教えてくれたこと　Uta-Net『今日のうたコラム』2020年3月6日
- ◆ 春は好きだ　「関取花のブログ」2017年4月6日
- ◆ 夏は魔物　神奈川新聞「木もれ日」2019年6月30日
- ◆ 本休日　「関取花のブログ」2016年2月2日
- ◆ 転校生　「関取花のブログ」2017年5月23日
- ◆ 兄の話　「関取花のブログ」2015年10月2日
- ◆ 東京蛍　「関取花のブログ」2016年10月25日
- ◆ 貯金の使い方　神奈川新聞「木もれ日」2019年4月7日
- ◆ 森ガール期　「関取花のブログ」2015年5月20日
- ◆ こんな鳩はいやだ　HIROBA「はなさんさん」2019年10月2日
- ◆ 恋地蔵　「群像」2017年8月号『恋地蔵』より
- ◆ 誕生秘話　「関取花のブログ」2016年9月8日
- ◆ あの頃私はハタチだった　「関取花のブログ」2019年1月14日
- ◆ だから私は　書き下ろし
- ◆ 出会いは書店で　書き下ろし
- ◆ ワイン、ゴダール、ズッキーニ　「関取花のブログ」2018年5月30日
- ◆ 迷惑メール　「関取花のブログ」2018年3月26日
- ◆ マリモとパリピ　HIROBA「はなさんさん」2019年10月30日
- ◆ ガノフ柴田　「関取花のブログ」2019年1月29日
- ◆ 小説ごっこ　神奈川新聞「木もれ日」2019年6月2日
- ◆ 父の話　「関取花のブログ」2016年10月18日
- ◆ さすがに全裸は　「関取花のブログ」2020年1月12日
- ◆ 何もない11月　神奈川新聞「木もれ日」2019年11月17日
- ◆ ありがとう、ラジオ　「関取花のブログ」2017年6月28日
- ◆ ご近所付き合いはじめました　HIROBA「はなさんさん」2019年7月24日
- ◆ 私はプチセレブ　HIROBA「はなさんさん」2020年2月12日
- ◆ 歌のかけら　HIROBA「はなさんさん」2019年7月10日
- ◆ メッセージが一件　「関取花のブログ」2016年11月15日

関取花

せきとり・はな

1990年生まれ、神奈川県横浜市出身。
愛嬌たっぷりの人柄と伸びやかな声、
そして心に響く楽曲を武器に歌い続けるソロアーティスト。
NHK「みんなのうた」への楽曲書き下ろしやフジロック等の多くの
音楽フェスへの出演、ホールワンマンライブの成功を経て、
2019年ユニバーサルシグマよりメジャーデビュー。
バラエティ番組への出演や、
ラジオのパーソナリティを務めるなどマルチに活躍している。
現在、神奈川新聞にて「木もれ日」、
ウェブメディア『HIROBA』にて「はなさんさん」、
ウェブメディア『本が好き。』(光文社)にて
「関取花の一冊読んでく?」を連載中。そのほか、
雑誌『ダ・ヴィンチ』(KADOKAWA)の
「4人のブックウォッチャー」にて書評を担当。
今作が初の著書。

どすこいな日《ひ》々《び》

2020年11月15日　初版

著　者　関取花
発行者　株式会社晶文社
東京都千代田区神田神保町1-11　〒101-0051
電話　03-3518-4940（代表）・4942（編集）
URL http://www.shobunsha.co.jp

印刷・製本　ベクトル印刷株式会社

©Hana SEKITORI 2020
ISBN 978-4-7949-7199-9 Printed in Japan

JCOPY〈（社）出版者著作権管理機構 委託出版物〉
本書の無断複写は著作権法上での例外を除き禁じられています。
複写される場合は、そのつど事前に、
（社）出版者著作権管理機構（TEL：03-5244-5088 FAX：03-5244-5089
e-mail: info@jcopy.or.jp）の許諾を得てください。

＜検印廃止＞落丁・乱丁本はお取替えいたします。

好評発売中

〈シリーズ日常術〉野中モモの「ZINE」
小さなわたしのメディアを作る　野中モモ

読んでも、作っても、ZINEは楽しい。「読む人」はいつだって「作る人」だ。 何かを作りたいと思ったら、あなたはいつでもメディアになれる。自らZINEを作り、探し、紹介してきた著者が、自身の経験を語り、同じくZINEのとりこになった人たちの声を伝える。ZINEをとりまく環境から軽やかに生きる術を考える、楽しいおしゃべりの一冊。

ざらざらをさわる　三好愛

くだりのエスカレーターが苦手、あの子がお味噌汁とご飯に降格しますように、卒業直前に突然会えなくなった同級生、子供のころ好きだった食べ物「物体A」、人のよい空き巣に遭遇する、『スラムダンク』22巻を繰り返し読む、ドライヤーが動くのをただ見ている……。なめらかには進めなかったけどとんでもないでこぼこでもなかったざらざらたち。大人気イラストレーターの言葉とイラストの宇宙へ。

すこやかな服　マール コウサカ

着た人みんながくるくる回りたくなる、その秘密とは？　実店舗なし、1着に4メートルの生地を使用、セールをやらない、無料の試着会を開催。「健康的な消費のために」という姿勢のもと、新しい販売方法で美しい服を世に送り出し続けるファッションブランド「foufou」。日々「気持ちよく消費するため」にはどうしたらいいのか？　大注目のファッションブランドのデザイナーが伝える「健康的な消費」のかたち。

内緒にしといて　長井短

ねぇ、悲しいのに笑うのそろそろやめない？　恋愛、モテ、呪いの言葉、マウンティング……日々やり過ごしてしまいがちな違和感をどうしたらいいのか？　今の自分のまま抱えている違和感をどう取り除けるか？　演劇モデル長井短とファミレスで話しているような身近さで、読者の自尊心を研ぎ澄ましてくれるエッセイ集。

声めぐり　齋藤陽道

聾する身体をもつ少年は、補聴器を付けて発声の練習をしていた。実感のある思い出はない。でも、ろう学校に入って手話と出会ってから、世界が変わった。社会人になると障害者プロレス団体「ドッグレッグス」でも活躍。そして、いつしか写真の道へ―。手話、抱擁、格闘技、沈黙、ひとつひとつ向き合えばすべてが声になる。さまざまな声と写真を通し、世界を取り戻していく珠玉のエッセイ。

ON AIR
キレそう
zzz…

またね!